改訂版

合同会社の
法務・税務と活用事例

EY新日本有限責任監査法人
公認会計士・税理士
太田 達也 著

税務研究会出版局

改訂にあたって

　本書は、合同会社の法務、税務およびその活用事例を総合的に解説したものであり、平成26年10月の刊行以来、多くの読者にご愛読いただいた。合同会社は、会社法により創設されて以降、様々な場面で活用がされてきたが、ここ数年設立件数が急増しており、その特性やメリットが広く認知されてきたものと思われる。

　今回の改訂にあたり、次のいくつかの見直しを行っている。

　第1に、最新の法令解釈を踏まえ、全体に大幅な加筆修正を加えた。特に、「第2章　合同会社の法務」について、最新の法令解釈を踏まえた記述を随所に織り込んでいる。

　第2に、読者の理解に資するように、図表を多数追加している。また、難解な箇所については、できる限りかみ砕いた説明をするように見直しを行っている。

　第3に、「第3章　合同会社の会計」について、仕訳の追加、計算書類の記載例の見直し等を行っている。また、適宜加筆を行った。

　第4に、「第4章　合同会社の税務」において、税務解釈に係る加筆、図表の追加等を行っている。

　本書の内容は、合同会社の法務・税務と活用事例について、基本的事項から実務レベルの事項までを一通りカバーしているものと思われる。会社実務担当者および税理士・会計士等の専門家に幅広くお薦めしたい。今回の改訂後も、本書が引き続き多くの読者の方々にご愛読いただければ幸甚の限りである。

　なお、本書の内容のうち意見にわたる部分には、筆者の個人的見解が含まれている。したがって、文責はすべて筆者にあることをお断りしておき

たい。

　最後に、本書の企画・編集・校正にあたっては、(株) 税務研究会の知花隆次氏にご尽力をいただいた。この場を借りて心から謝意を申し上げたい。

令和元年9月

公認会計士・税理士　太田達也

はじめに

　合同会社制度は、会社法により創設された。出資者である社員の全員が出資額を限度とした有限責任制であり、かつ、会社の内部関係について組合的規律が適用される特徴を有する新しい会社類型である。株主総会、取締役、監査役などの機関の設置については強行規定がないためその必要がなく、社員が定款自治によって会社運営を行っていく柔軟性に富んだ特性を持っている。社員の権利内容なども定款に柔軟に定めることができる。

　海外のLLCをモデルとして時代のニーズを踏まえて創設された合同会社制度であるが、会社法が施行された当初は、社会的な認識が乏しく、それほど活用されていなかった。ところが、近年、設立件数が顕著に増加しており、ようやくその使い勝手の良さが認識されてきたようである。

　小規模企業の法人成りだけでなく、産学連携、合弁事業、大企業の子会社、事業会社によるファンドの運営、不動産の証券化、資産管理会社(持株会社)、再生可能エネルギー事業、農業経営の法人化など、その活用は多岐にわたっている。

　本書は、合同会社の法務・税務とその活用事例について、総合的に解説するものである。「第1章　合同会社の総論」、「第2章　合同会社の法務」、「第3章　合同会社の会計」、「第4章　合同会社の税務」、「第5章　合同会社の活用事例」から構成されている。

　合同会社の法務は、株式会社のそれと根本的に内容が異なっている。活用にあたっては、その合同会社の特有の取扱いについて十分な理解・整理が必要不可欠である。また、合同会社の会計および税務についても、総合的に理解・整理したうえで、活用していく必要があることはいうまでもない。

本書は、企業の実務担当者、税理士、会計士、弁護士、司法書士などの専門家、会社経営者、コンサルティング会社、合同会社の設立を検討されている方などに、幅広くお薦めしたい。合同会社を活用するにあたって、本書の内容がご参考となれば、幸いの限りである。

　なお、本書の内容のうち意見にわたる部分には、筆者の個人的見解が含まれている。したがって、文責はすべて筆者にあることをお断りしておきたい。

　最後に、本書の企画・編集・校正にあたっては、(株) 税務研究会の堀直人氏にご尽力をいただいた。この場を借りて心から謝意を申し上げたい。

平成26年10月

公認会計士・税理士　太田達也

目　次

第1章　合同会社の総論

Ⅰ　合同会社の創設の背景…………………………………………… 2

　1．新たな会社類型の創設 …………………………………………… 2

　2．合同会社の法的性格 ……………………………………………… 3

　　(1) 定款自治原則 ………………………………………………… 3

　　(2) 業務執行者の取扱い ………………………………………… 4

　　(3) 役員の責任減免 ……………………………………………… 4

　　(4) 損益の分配と利益の配当の区分 …………………………… 5

　3．他の会社類型との比較 …………………………………………… 6

　　(1) 株式会社との比較 …………………………………………… 6

　　(2) 有限責任かつ内部関係は組合的規律 ……………………… 7

　　(3) 有限責任事業組合（LLP）との比較 ……………………… 8

　4．海外の制度との比較 ……………………………………………… 11

　5．合同会社の活用場面 ……………………………………………… 12

　　(1) 大企業の子会社での活用例 ………………………………… 12

　　(2) ファイナンス関連での活用事例 …………………………… 13

　　(3) 中小企業での活用例 ………………………………………… 14

　　(4) 共同事業での活用例 ………………………………………… 14

第2章　合同会社の法務

Ⅰ．設立 …………………………………………………………………… 18

　1．設立手続の概要 …………………………………………………… 18

　2．定款の作成 ………………………………………………………… 18

　3．定款の記載事項と記載例 ………………………………………… 21

　　(1) 絶対的記載事項 ……………………………………………… 21

　　(2) 相対的記載事項 ……………………………………………… 23

　　(3) 任意的記載事項 ……………………………………………… 26

　4．設立時の出資の履行 ……………………………………………… 32

　　(1) 出資の履行 …………………………………………………… 32

VI

（2）設立無効・取消しの訴え ……………………………… 42

（3）定款の変更 ……………………………………………… 42

Ⅱ　社員の責任、持分の譲渡等 …………………………………… 44

1．社員の責任 …………………………………………………… 44

2．持分の譲渡等 ………………………………………………… 44

（1）持分の譲渡 ……………………………………………… 44

（2）自己持分の取得の禁止 ………………………………… 45

3．誤認行為の責任 ……………………………………………… 46

Ⅲ　管理 ……………………………………………………………… 47

1．業務の執行 …………………………………………………… 47

2．常務に関する意思決定 ……………………………………… 48

3．業務執行社員を定款で定めた場合 ………………………… 48

（1）業務執行社員を定款で定めた場合 …………………… 48

（2）支配人の選任・解任 …………………………………… 50

（3）業務執行社員全員の退社 ……………………………… 50

4．社員の合同会社の業務および財産状況に関する調査 …… 51

5．業務執行社員 ………………………………………………… 52

（1）業務執行社員と合同会社との関係 …………………… 52

（2）競業の禁止 ……………………………………………… 55

（3）利益相反取引の制限 …………………………………… 56

（4）業務執行社員の合同会社に対する損害賠償責任 …… 59

（5）業務を執行する有限責任社員の第三者に対する損害賠償責任 …… 60

（6）法人が業務執行社員である場合の特則 ……………… 61

（7）業務執行社員の報酬 …………………………………… 63

（8）合同会社の代表 ………………………………………… 64

（9）合同会社を代表する社員等の行為についての損害賠償責任 ……… 67

（10）合同会社と社員との間の訴えにおける会社の代表………… 67

Ⅳ　社員の加入および退社……………………………………………… 70

1．社員の加入 …………………………………………………… 70

（1）社員の加入 ……………………………………………… 70

（2）加入した社員の責任 …………………………………… 70

目　次　VII

　　2．社員の退社 ………………………………………………… 71
　　　(1) 任意退社 …………………………………………………… 71
　　　(2) 法定退社 …………………………………………………… 74
　　　(3) 相続および合併の場合の特則 ………………………… 79
　　　(4) 持分の差押債権者による退社 ………………………… 80
　　　(5) 退社に伴う定款のみなし変更 ………………………… 81
　　　(6) 退社に伴う持分の払戻し ……………………………… 82
　　　(7) 退社した社員の責任 …………………………………… 84
　　　(8) 商号変更の請求 ………………………………………… 85
V　組織変更 …………………………………………………………… 87
　　1．合同会社から株式会社への組織変更 ……………………… 87
　　2．株式会社から合同会社への組織変更 ……………………… 89
VI　組織再編 ………………………………………………………… 91
　　1．合併 ………………………………………………………… 91
　　2．会社分割 …………………………………………………… 91
　　3．株式交換 …………………………………………………… 92
　　4．株式移転 …………………………………………………… 92
VII　解散・清算 ……………………………………………………… 94
　　1．解散および清算の意義 …………………………………… 94
　　2．解散事由 …………………………………………………… 94
　　　(1) 定款で定めた存続期間の満了 ………………………… 95
　　　(2) 定款で定めた解散の事由の発生 ……………………… 95
　　　(3) 総社員の同意 …………………………………………… 96
　　　(4) 社員が欠けたこと ……………………………………… 96
　　　(5) 合併 ……………………………………………………… 96
　　　(6) 破産手続開始の決定 …………………………………… 97
　　　(7) 解散を命ずる裁判 ……………………………………… 97
　　3．清算における権利義務の制限 …………………………… 98
　　4．清算人 ……………………………………………………… 99
　　　(1) 選任 ……………………………………………………… 99
　　　(2) 清算人の職務 …………………………………………… 99

（3）清算人の義務と責任 ……………………………………………… 100

（4）法人が清算人となる場合 ………………………………………… 100

（5）代表清算人 ………………………………………………………… 101

（6）清算人の登記 ……………………………………………………… 101

5．財産目録の作成等 ………………………………………………………… 101

（1）財産目録の作成 …………………………………………………… 102

（2）貸借対照表の作成 ………………………………………………… 106

6．債権者に対する公告等 …………………………………………………… 108

（1）公告および催告 …………………………………………………… 108

（2）清算から除斥された債権者の取扱い ………………………… 109

（3）債権申出期間中の弁済の効力 ………………………………… 109

（4）公告・催告の記載例 ……………………………………………… 110

7．残余財産の分配 …………………………………………………………… 112

8．清算結了の登記 …………………………………………………………… 113

9．帳簿書類の保存 …………………………………………………………… 113

10．社員の責任の消滅時効 …………………………………………………… 113

第3章　合同会社の会計

Ⅰ　会計帳簿および計算書類 ……………………………………………… 116

1．会計の原則 ………………………………………………………………… 116

2．会計帳簿 …………………………………………………………………… 117

（1）会計帳簿の作成および保存 …………………………………… 117

（2）会計帳簿の提出命令 ……………………………………………… 118

3．計算書類 …………………………………………………………………… 118

（1）計算書類の作成および保存 …………………………………… 118

（2）計算書類の承認 …………………………………………………… 126

（3）計算書類の閲覧等 ………………………………………………… 127

Ⅱ　資本金の額の減少 ……………………………………………………… 129

1．合同会社における資本金の意義 ……………………………………… 129

2．損失のてん補のための資本金の額の減少 ………………………… 130

3．出資の払戻しのための資本金の額の減少 ………………………… 132

目　　次　　IX

　　　（1）　出資の払戻しのために資本金の額を減少する場合 ……………… 132
　　　（2）　債権者保護手続 ……………………………………………………… 135
　　4．持分の払戻しのための資本金の額の減少 …………………………… 136
Ⅲ　損益の分配と利益の配当 ……………………………………………… 139
　　1．社員の損益分配の割合 ………………………………………………… 139
　　2．利益の配当 ……………………………………………………………… 140
　　　（1）　利益配当請求権と定款自治 ……………………………………… 140
　　　（2）　損益の分配との違い ……………………………………………… 140
　　　（3）　利益の配当の制限額 ……………………………………………… 142
　　　（4）　違法配当の場合の責任 …………………………………………… 143
　　　（5）　期末の欠損てん補責任 …………………………………………… 144
　　　（6）　会計処理 …………………………………………………………… 145
　　　（7）　定款自治の重要性 ………………………………………………… 146
Ⅳ　出資の払戻し、持分の払戻し ………………………………………… 147
　　1．出資の払戻し …………………………………………………………… 147
　　　（1）　出資払戻請求権 …………………………………………………… 147
　　　（2）　出資の払戻しの性質 ……………………………………………… 147
　　　（3）　資本金の減少額に係る制限 ……………………………………… 148
　　　（4）　出資の払戻しに係る制限 ………………………………………… 148
　　　（5）　会計処理 …………………………………………………………… 149
　　2．持分の払戻し …………………………………………………………… 150
　　　（1）　退社による持分の払戻し ………………………………………… 150
　　　（2）　債権者保護手続 …………………………………………………… 150
　　　（3）　会計処理 …………………………………………………………… 152

第4章　合同会社の税務

Ⅰ　合同会社の税法上の取扱い …………………………………………… 156
Ⅱ　合同会社の社員に係る税務 …………………………………………… 157
　　1．役員給与（業務執行社員の業務執行の対価）に係る税務 ………… 157
　　　（1）　業務執行社員の給与に係る損金算入要件 ……………………… 157
　　　（2）　不相当に高額な部分等 …………………………………………… 158

X

  (3) 法人社員の業務執行者の取扱い ……………………… 158

 2. 社員の加入に係る税務 ………………………………… 159

  (1) 出資払込みによる場合 ……………………………… 159

  (2) 持分の譲渡による場合 ……………………………… 162

  (3) 時価の取扱い ………………………………………… 165

Ⅲ　損益の分配・利益の配当に係る税務 ……………… 167

 1. 損益の分配に係る税務 ………………………………… 167

  (1) 利益配当請求権の発生時期 ………………………… 167

  (2) 損益の分配割合を出資の価額に応じない定款の定めをする場合… 167

  (3) 利益剰余金のマイナスをてん補した場合 ………… 168

 2. 利益の配当に係る税務 ………………………………… 170

Ⅳ　資本金の額の減少に係る税務………………………… 171

 1. 資本金の額の減少の意義 ……………………………… 171

 2. 資本金の額の減少に係る税務 ………………………… 171

Ⅴ　出資の払戻しと持分の払戻し………………………… 174

 1. 出資の払戻しと持分の払戻しの意義 ………………… 174

  (1) 出資の払戻しの意義 ………………………………… 174

  (2) 持分の払戻しの意義 ………………………………… 174

  (3) 出資の払戻しと持分の払戻しに係る税務 ………… 175

Ⅵ　組織変更等に係る税務 ………………………………… 182

 1. 組織変更に係る税務 …………………………………… 182

  (1) 法人の税務 …………………………………………… 182

  (2) 社員または株主の税務 ……………………………… 183

 2. 種類変更に係る税務 …………………………………… 184

 3. 解散・清算 ……………………………………………… 185

第5章　合同会社の活用事例

Ⅰ　合同会社の典型的な活用方法…………………………… 188

 1. 合同会社の設立状況 …………………………………… 188

 2. 合同会社の典型的な活用方法 ………………………… 188

  (1) 小規模事業の法人成り ……………………………… 188

目　　次　　XI

　　　(2) 産学連携 ……………………………………………………… 190

　　　(3) 合弁事業 ……………………………………………………… 190

　　　(4) 大企業の子会社 ……………………………………………… 193

　　　(5) 事業会社によるファンドの運営 …………………………… 194

Ⅱ　不動産の証券化における活用…………………………………… 195

　1. 不動産の証券化 ………………………………………………… 195

　2. 不動産証券化のポイント ……………………………………… 196

　　　(1) ＳＰＣに求められる要件 …………………………………… 196

　　　(2) ＳＰＣの資金調達 …………………………………………… 198

　3. 証券化の手法の種類 …………………………………………… 199

　　　(1) 資産流動化法に基づき特定目的会社（ＴＭＫ）を設立する方法 … 201

　　　(2)「投資信託及び投資法人に関する法律」に基づき投資法人を

　　　　　設立等する方法（リート）…………………………………… 204

　　　(3) 合同会社を設立し、匿名組合契約と組み合わせる方法

　　　　　（GK-TKスキーム）………………………………………… 207

　　　(4) 不動産特定共同事業法（不特法）に基づき行う方法 …… 214

　4. 会計上の留意点 ………………………………………………… 217

　　　(1) 譲渡が認められるか否か…………………………………… 217

　　　(2) 連結対象とならないか否か………………………………… 220

　　　(3) リースバックの場合に金融取引とされないか否か ……… 220

Ⅲ　資産管理会社（持株会社）としての活用 …………………… 223

　1. 資産管理会社（持株会社）の活用が想定される場合 …………… 223

　　　(1) 上場準備会社の資本政策の一環としての安定株主対策 ……… 223

　　　(2) 事業承継を念頭に置いた株式の分散の防止、将来の

　　　　　株価上昇の抑制 ……………………………………………… 224

　　　(3) 後継者による事業承継（株式の買取り）の受け皿会社

　　　　　としての活用 ………………………………………………… 224

　2. 持株会社の設立の方法 ………………………………………… 225

　3. 後継者による持株会社の設立 ………………………………… 226

　　　(1) 親族内承継の例 ……………………………………………… 227

　　　(2) MBOの例 …………………………………………………… 228

4.持株会社に係る税務上の取扱い ································ 231
  (1) 財産評価基本通達による評価 ···················· 231
  (2) オーナー経営者から持株会社への株式の譲渡··············· 234
  (3) 持株会社方式による税務上のメリット ··············· 236
5.持株会社を合同会社により設立するメリット ·············· 238
  (1) 設立手続の簡素化、費用の抑制 ·················· 239
  (2) 機関設計の簡素化・決算公告義務の不存在 ·········· 239
  (3) 資本金規制、監査役・会計監査人設置義務の不存在 ········ 239

Ⅳ 再生可能エネルギー事業への活用 ···················· 241
1.再生エネルギーの固定価格買取制度 ···················· 241
  (1) 導入状況 ·································· 241
  (2) 固定価格買取制度 ···························· 242
2.資金調達 ····································· 243
  (1) 事業者自身が事業参入する場合 ·················· 243
  (2) ＳＰＣを設立する場合 ························· 243
3.税務上の取扱い ································ 244
4.その他の留意事項 ······························ 244

Ⅴ 農業経営の法人化における活用···················· 246
1.農業経営の法人化のメリット ························ 246
2.法人の農業参入の状況 ·························· 247
  (1) 農業法人の定義 ····························· 247
  (2) 法人の農業への参入状況 ······················ 248
  (3) 農地所有適格法人への合同会社の活用 ·············· 250

目　次　XⅢ

【主 な 凡 例】

本文中に引用する法令等については、次の略語を使用している。

法法……………………………法人税法
法令……………………………法人税法施行令
法規……………………………法人税法施行規則
法基通…………………………法人税基本通達
所法……………………………所得税法
所令……………………………所得税法施行令
所規……………………………所得税法施行規則
所基通…………………………所得税基本通達
相法……………………………相続税法
相基通…………………………相続税法基本通達
消基通…………………………消費税法基本通達
措法……………………………租税特別措置法
措令……………………………租税特別措置法施行令
地方……………………………地方税法
投信法…………………………投資信託及び投資法人に関する法律
不特法…………………………不動産特定共同事業法
金商法…………………………金融商品取引法
宅建業法………………………宅地建物取引業法
財基通…………………………財産評価基本通達
再エネ特措法…………………電気事業者による再生エネルギー
　　　　　　　　　　　　　　電気の調達に関する特別措置法

第*1*章

合同会社の総論

Ⅰ 合同会社の創設の背景

1. 新たな会社類型の創設

　近年、知識、技術、ノウハウといった知的財産が重要視されるようになっており、専門的知識やノウハウを持った少数の個性ある出資者が集まり、自ら経営に参加し、定款自治によって柔軟な会社運営を行っていくといったニーズが高まっている。そのようなニーズに応えうるものとして合名会社および合資会社が従来からあるが、合名会社の全社員および合資会社の一部社員は無限責任という点がネックとなり、ほとんど活用されていなかったのが実情であった。

　また、日本においては、米国のリミテッド・パートナーシップをモデルとした投資事業有限責任組合、リートをモデルとした特定目的会社（TMK）や投資法人なども創設され、また、匿名組合や民法上の任意組合なども活用される場面はあったが、知的財産の活用、共同事業性という点において、ニーズに応えるものではない。

　会社法では、このような時代のニーズを踏まえて、出資者の有限責任が確保され、かつ、内部関係について組合的規律が適用される特徴を有する新たな会社類型である合同会社が創設された。米国のLLC（Limited Liability Company）をモデルとするものである[1]。会社の内部関係は組合的規律であるため、原則として全員一致で定款の変更その他の会社のあり方が決定され、社員自らが会社の業務の執行に当たるので、人的会社であるといえる。一方で、社員は有限責任であり、会社債務に関しては、出資額を限度として有限責任を負うのみである。また、合同会社は、株式会社

---

[1]　米国では、1977年にワイオミング州で創設されたが、当初は利用が低調であった。しかし、1988年に内国歳入庁がLLCの構成員課税（パススルー課税）を認めたことを契機として利用が拡大し、全州でLLC法が制定されることになった。

と異なり、機関設計や社員の権利内容、利益の配当などについて強行規定がほとんどなく、広く定款自治に委ねられている。

2. 合同会社の法的性格

(1) 定款自治原則

　合同会社の最大の特徴は、定款自治の範囲が広い点である。株式会社が、不特定多数の者が株主として参加するような組織を想定して、組織法として、不特定多数の者の保護に配慮しているのに対して、合同会社を始めとする持分会社は、当事者間で最適な利害状況を自由に設定することを可能とすることにより、その事業の実施の円滑化を図るという会社形態として設計されたものであり、定款規定をよく確認しないで参加する可能性のある者の保護を考慮していないとされている[2]。

　原則として全員一致で定款の変更その他の会社のあり方が決定され、社員自らが会社の業務の執行に当たるという、組合的規律によっている。社員の権利内容も定款によりどのように定めることもできる。また、業務の決定についても定款自治原則であるため、特定の業務の決定については社員全員の一致を必要とせず、社員の一定割合の賛成により行うことができる旨を定款に定めることも可能である。

　株式会社における株主総会、取締役、監査役などの機関の設置についての強行規定は何もない。社員の全員一致により重要な意思決定がなされ、各社員が業務執行に当たることが原則となっているため、そのような機関の設置についての義務はない。

2　相澤哲編著「立案担当者による　新・会社法の解説」、別冊商事法務No.295、P154からP155、P166。

（2）業務執行者の取扱い

業務執行者は、社員に限られている。社員が自ら業務執行を行うことになる。また、定款の定めにより、社員の一部を業務執行社員にすることもできる。

法人が業務執行社員となることは認められるが、法人が業務執行社員となるときは、職務執行者を選任しなければならない。しかし、職務執行者には資格制限がないため、社員以外の第三者を職務執行者に選任することはできる。ということは、第三者に経営を任せることは可能ということになる[3]。

（3）役員の責任減免

役員の責任減免についても、定款自治原則に基づいている。業務執行社員が会社に対して負う善管注意義務および忠実義務は、定款の定めによっても排除することはできない。その点は株式会社と同様であるが、一方で善管注意義務および忠実義務の責任を、公序良俗に反しない限り、定款により完全に減免することができ、事前の免除か事後の免除かも問わないと解されている[4]。

また、業務執行社員の第三者に対する責任については、強行規定（会社法597条）であり、定款によっても排除することはできない。業務執行社員は社員としての立場で業務執行を行っているものであるから、他の業務執行社員に対する監視義務までは負わないと解されている[5]。

3　宍戸善一「持分会社」、ジュリストNo.1295、P112。
4　相澤哲ほか「論点解説　新会社法」商事法務、P576からP577。「新基本法コンメンタール会社法3」（別冊法学セミナー No.201）日本評論社、P21、P24、P29（今泉邦子）。
5　相澤哲編著「立案担当者による　新・会社法の解説」別冊商事法務No.295、P160からP161。

（4）損益の分配と利益の配当の区分

　合同会社を含む持分会社の株式会社にはない特色として、会社損益の社員に対する分配と、社員に分配された利益に相当する会社財産を利益配当として現実に社員に払い戻すことを区別して規定している点がある[6]。「会社損益の社員に対する分配」とは、会社損益の社員に対する計算上の「配布」という意味であり、実際に払い戻す利益の配当とは異なる。

　会社に利益が計上された場合は各社員の持分が増加し、損失が計上された場合は各社員の持分が減少するが、その都度、社員に利益を配当したり、損失をてん補させたりする必要はない。増減した各社員の持分は、社員の退社または会社の清算のときに現実化する[7]。

　資本金、資本剰余金、利益剰余金が、計算上、各社員に割り振られていて、事業年度ごとに作成される計算書類により会社の利益または損失の額が確定すると、それは所定の割合で各社員の利益剰余金に分配（配布）される[8]。ある社員が退社した場合、債権者保護手続を行わないのであれば資本金の額は減少せず、退社した社員に帰属していた資本剰余金および利益剰余金が退社した社員への払戻金として充当され、退社した社員に資本金として帰属していた額は、残存社員の資本金として移ると解されている[9]。

　利益の配当は、各社員に分配（配布）された利益の払戻しを受ける行為であり、定款に別段の定めがない限り、社員は会社に対して、分配された利益の配当を請求することができる（会社法621条1項）。株式会社の場合、株主総会の決議をしない限り、株主の利益配当請求権が現実の債権とならないのに対して、合同会社の場合、個々の社員が請求した時点で具体的な

6　相澤哲編著「立案担当者による　新・会社法の解説」別冊商事法務No.295、P163。
7　「新基本法コンメンタール　会社法3」（別冊法学セミナーNo.201）日本評論社、P53（青竹正一）。「会社法コンメンタール14」商事法務、P11（宍戸善一）。
8　「会社法コンメンタール14」商事法務、P12（宍戸善一）。
9　「座談会　合同会社の実態と課題（下）」商事法務No.1945、P35（江頭憲治郎）。

権利として確定する点が異なっている[10]。

3. 他の会社類型との比較

(1) 株式会社との比較

　合同会社は、株式会社と共通する点も少なくない。その社員（株主）は全員が有限責任であり、その数に特に制限はない。また、株式会社の株主が取締役となり業務執行を行うのと、合同会社の社員が業務執行社員として業務執行を行う場合を比較すると、出資者と業務執行者との関係も実質同様のものになる。さらに、事業を行うに当たり、債権者が出現し、かつ債権者の責任財産が会社財産のみに限定される点も共通している。

　しかし、株式会社については、不特定多数の者が、特に法的知識、交渉能力、資金力等を有しない場合であっても、容易にその株主となり、または取引をすることができるように、株式会社をめぐる利害関係者の利益を法律によって事前・事後にわたって手厚く保護するという考え方がベースになっている。利害関係者の利益保護のために、強行規定による各種規制が多数置かれている。

　一方、合同会社については、会社をめぐる利害関係者の利益を手厚く保護するための法規制は必要最低限置かれているのみである。定款自治によって、当事者間で最適な利害状況を自由に設定することが可能となり、その事業の実施の円滑化を図ることができるという考え方がベースになっている。法規制が必要最低限しかないため、法的知識や交渉能力が低い者が安易に社員や債権者になれば、利益を害されるおそれもあり得る。それは、民事の一般原則に従い、会社、社員、債権者その他の利害関係者の自己責任によってカバーされる問題として整理されている[11]。

10　「座談会　合同会社の実態と課題（下）」商事法務No.1945、P34（大杉謙一）。
11　相澤哲編著「立案担当者による　新・会社法の解説」別冊商事法務No.295、P154からP155。

合同会社と株式会社の比較

		合同会社	株式会社
共通点	債権者との関係	有限責任制	有限責任制
	信用出資・労務出資	なし（有限責任制であるため）	なし（有限責任制であるため）
	法人格の有無	あり（契約の主体となれる）	あり（契約の主体となれる）
相違点	重要事項の決定	社員の意思決定（定款自治）	多数決論理
	業務執行者	社員に限られる。	株主に限られない。
	業務執行者の責任減免（善管注意義務・忠実義務）	公序良俗に反しない限り、減免可能（全額の減免が可能で、事前か事後かも問わない）	善意かつ重過失がない場合に、株主総会の特別決議により一部減免できる等の規定があるが、規制が厳しい。
	強行規定	最低限	多数
	損益の分配	あり	なし
	組織再編	可能（一部制限あり）	可能
	大会社規制	なし	あり[12]
	決算公告義務	なし	あり
	特別清算	なし	あり

(2) 有限責任かつ内部関係は組合的規律

　合名会社および合資会社は、出資者の全員または一部が無限責任を負うが、会社内部の規律に関しては、民法の組合の規定が準用され、広く定款自治が認められている。それに対して、株式会社（および特例有限会社）は、出資者の全員が出資額を限度とした有限責任とされているが、会社内部の規律に関しては、会社法のなかに強行規定が設けられている。機関設計のルール、株主の権利内容、取締役・監査役の権利と責任など、法律の厳格な規制を受ける面がある。

　知的財産が重要視されるようになっている現在、専門的知識やノウハウ

12　資本金5億円以上または負債総額200億円以上になると、会計監査人の設置義務など規制を受ける。

を持った少数の個性ある出資者が集まり、自ら経営に参加し、定款自治によって柔軟な会社運営を行っていくといったニーズが高まっている。しかし、合名会社や合資会社の場合、出資者の全員または一部が無限責任を負うという点で活用されにくく、実際にあまり活用されていなかったのが実情である。また、株式会社は定款自治による柔軟な会社運営を行うという点に馴染まない面がある。

会社法では、このような時代のニーズを踏まえて、出資者の有限責任が確保され、かつ、内部関係について組合的規律（原則として全員一致で定款の変更その他の会社のあり方が決定され、社員自らが会社の業務の執行に当たるという規律）が適用される特徴を有する新たな会社類型である合同会社が創設された。合同会社は、株式会社と異なり、機関設計や社員の権利内容などについて強行規定がほとんどなく、広く定款自治に委ねられている。また、株式会社の場合は、株式の譲渡は原則自由であるが、合同会社の場合は、社員間の人的なつながりが強く、誰が社員となるかについて他の社員は重大な関心を持つことから、持分の譲渡については他の社員の全員の一致が要求されている。「有限責任の人的会社」の創設であり、合同会社は日本版LLC（Limited Liability Company）と呼ばれる。

なお、合同会社、合資会社および合名会社について「持分会社」と総称し、共通に適用すべき規律（内部関係についての規律等）については、同一の規定を適用するものとされている。ただし、合同会社のみに適用される規定が別途特則規定として定められている。

(3) 有限責任事業組合（LLP）との比較

合同会社と有限責任事業組合とでは、主に、法人格の有無と税務上の取扱いにおいて大きな違いがある。しかし、有限責任事業組合法においては、各種の措置が講じられている結果、法人格がなくても一般の事業体として

十分に活用できる面がある。そのため、合同会社と有限責任事業組合の実質的な差異は、構成員課税[13]の適用があるかどうかという点が重要なポイントである。

　合同会社も有限責任事業組合も、性質上共通している部分が多いため、共同事業など同じような活用場面が考えられる。しかし、①税務上の取扱いが異なる点、②合同会社は1人社員が認められるのに対して、有限責任事業組合は複数の組合員が必要である点、③合同会社の場合、業務執行社員が2以上あるときは、その過半数により業務執行が決定される（定款で別段の定めをすることは可）のに対して、有限責任事業組合の場合、業務執行の決定は原則として総組合員の同意により行う（重要な財産の処分・譲受けまたは多額の借財の決定を除いて、組合契約書において、総組合員の同意を要しない旨を定めることは可）点、④合同会社の場合は一部の社員を業務執行社員として定めることができるのに対して、有限責任事業組合の場合は組合員が全員、業務執行組合員にならなければならず、何らかの形で業務の執行に携わる必要がある点など、いくつか重要な相違点があるので、活用においてはその相違点を把握した上で、どちらが適しているかを適切に判断することが重要である。また、合同会社は法人格を有するため、事業を行うために許認可を要する場合は許認可を取得することができるが、有限責任事業組合は各組合員が許認可を取得する必要が生じるという面倒な問題が生じる。

　合同会社は法人格を有するので、将来、株式公開を想定するような事業、永続的な事業、安定定期収益が見込める事業への活用が想定される。一方で、有限責任事業組合は、個人や企業の信用あるいは能力を前面に出す事業、内部自治に関する規制が組合員の利益保護につながる面があることから、

13　税務上、有限責任事業組合は法人格がないため納税主体にならず、有限責任事業組合の事業から生じる損益をその構成員である各組合員に帰属させる。

期間を区切った共同事業プロジェクト、また、構成員課税のメリットが活きるハイリスク・ハイリターンが想定される事業に向いている。ただし、有限責任事業組合は法人格がないため権利関係に不安定な面があり、資金調達面での制約が生じ得る点、重要事項の決定について原則として総組合員の同意が必要とされる点、総組合員が業務執行を行う必要がある点などから、合同会社に比べると利用件数が低調である。

合同会社と有限責任事業組合の比較

		合同会社	有限責任事業組合
共通点	出資者との関係	定款自治	定款自治（組合契約による自治）
	債権者との関係	有限責任制	有限責任制
相違点	法人格の有無	法人格あり →契約の主体となれる。	法人格なし →契約の主体にはなれない。（組合員の肩書き付名義で契約）
	業務執行の決定	業務執行社員が2以上あるときは、その過半数により決定（定款で別段の定めをすることは可）	総組合員の同意により行う（重要な財産の処分・譲受けまたは多額の借財の決定を除いて、組合契約書において、総組合員の同意を要しない旨を定めることは可）
	業務の執行への関与	一部の社員を業務執行社員に定めることができる。	組合員が全員、なんらかの形で業務の執行に携わる必要がある。（業務執行に参加せず、出資のみを行う組合員は認められない。）
	パートナー	1人社員が認められる。	組合員は2人以上必要
	組織変更の可否	株式会社への組織変更ができる。	株式会社への組織変更はできない。
	組織再編行為の可否	会社との間での組織再編行為ができる。	会社との間での組織再編行為はできない。
	税務	法人課税	構成員課税

4. 海外の制度との比較

　欧米において活用されているLLCやLLPは、①構成員全員が有限責任、②パススルー課税（法人等の利益に対して課税せず、その構成員の所得に対して課税する課税制度であり、構成員課税ともいう）、③定款自治（組織内部の取決めについて強行法規がほとんどなく、定款自治により柔軟な運営を行うことができる）の3つの要素を持っている。知的財産活用型の産業において、幅広く利用されている。

　この3つの要素を兼ね備えた組織形態の場合、知的財産・人的財産を活用した事業にその適合性が高い。知識、技術、ノウハウなどの人的要素を構成員間で正当に評価し、利益の分配をその評価に基づいて柔軟に行うことができ、また、法律の様々な規制を受けずに内部自治により柔軟に組織運営をしていくことも可能となるだけではなく、パススルー課税の適用により各構成員が損失負担する場合にその損失を自らの所得と損益通算することによる税務上のメリットも生じ得る。

　合同会社は構成員全員が有限責任、定款自治という2点において、欧米のLLC、LLPとまったく同様であるが、課税の取扱いについては株式会社などの他の会社と同様に会社段階での課税がされる。会社の構成員段階での損益通算メリットは期待できない。

　一方、民法上の組合の特例として、「有限責任事業組合契約に関する法律」に基づく有限責任事業組合は、組合であり会社形態ではないが、①構成員全員が有限責任、②パススルー課税および③内部自治の徹底という3つの要素を持つ。ただし、有限責任事業組合は、共同事業性が特に強く求められる取扱いとなっており、組合員は複数必要であり、租税回避行為の防止の観点から、業務執行に参加せず出資のみを行う組合員を認めていない。実際の活用にあたっては、有限責任事業組合が適さない場合もあり得るため、合同会社と比較しながら選択肢として念頭に置くべきである。

5. 合同会社の活用場面

　合同会社は、専門的知識、技術やノウハウを持った少数の個性ある出資者が集まり、自ら経営に参加し、定款自治によって会社運営を行っていくというニーズに適合する会社類型である。また、株式会社が物的財産を中核とした事業に適合するのに対して、合同会社は知的財産を活用する事業に適合する会社類型といえる。

　そのため、ジョイント・ベンチャー、ソフトウェアなどの情報産業、コンサルタント事業、専門人材による共同事業、共同研究開発事業、共同生産事業、投資ファンド、大企業とベンチャー企業との提携、産学連携、中小企業での活用など、幅広い場面で活用されている。

　当初は、①ジョイント・ベンチャー（合弁事業）型、②ベンチャー・ビジネス型、③専門家集団型、および④投資ファンド型の4類型による利用が想定されていた[14]。しかし、現在多く利用されているのは、同族会社などの小規模企業、資産流動化の受け皿会社、外資系子会社などのようである。

　近年、設立・運営コストが低廉であることがメリットとして認識され、合同会社の設立が急増しており、さらなる増加も見込まれている。

　以下、いくつかの活用例を紹介する。

（1）大企業の子会社での活用例

　大企業の子会社や外資系企業の日本子会社などで、親会社の意向や方針により運営され、上場による資金調達の予定がないケースで、合同会社を活用する例が増加しつつある。設立や運営のコストがかからない点、意思決定のスピードが高まる点、組織運営の柔軟性にメリットがある点などが認識されていることを表していると思われる。ウォールマートの日本子会

14　宍戸善一「合名会社・合資会社・日本版LLC」ジュリスト1267号（2004年）、P33。

社である合同会社西友が有名であるが、そのほかにエクソンモービル・ジャパン合同会社、P&Gプレステージ合同会社、シスコシステムズ合同会社、Apple Japan合同会社、ユニバーサルミュージック合同会社、日本アムウェイ合同会社、アマゾンジャパン合同会社などの事例がみられる。

なお、米国に親会社があり、その完全子会社として日本で事業活動をする場合に合同会社を選択すると、米国の税制上のパススルーにより、日本子会社の利益を親会社に配当しても、その段階では課税されないというメリットが生じる。

(2) ファイナンス関連での活用事例

資産の流動化の受け皿会社、リース取引等に係るストラクチャードファイナンス、ファンドの組成に際しての資金調達などで、旧有限会社に代わる法人形態として合同会社が多く活用されている。

ファイナンス案件において、なぜ株式会社を使わないで合同会社を使うのかの理由はいくつかある。最も大きな理由は、合同会社には会社更生法の適用がない点が挙げられる。資金の貸手は、貸付に際して担保設定を行うが、株式会社のように会社更生法の適用があれば担保権は更生担保権になってしまうため、回収が困難になる。そのようなリスクがあるようでは、資金提供を躊躇することが想定される。それ以外の理由としても、大規模な資金調達により、負債総額が200億円以上になった場合は、株式会社の場合は会社法上の大会社になり、会計監査人の設置等による多額のコストが発生することになるが、合同会社であればその懸念はない。

また、旧有限会社は社債の発行ができなかったが、合同会社は社債の発行ができるものとされ、商品設計の幅が広くなっている。少人数私募債の発行事例もみられるところである。

(3) 中小企業での活用例

　中小企業においても活用されつつあるが、まだ十分にそのメリットが認識されていないように思われる。すなわち、株式会社の場合、少数派株主が株主総会において取締役から排除されると、会社の経営から実質的に締め出されることになる。多数決原理から、いわゆるスクイーズアウトが生じやすい面がある。合同会社の場合、原則として社員全員が業務を執行する権限を有するため（会社法590条1項）、スクイーズアウトが生じにくい。これをデフォルトルールという。

(4) 共同事業での活用例

　あるベンチャー企業が優れた技術を開発したとする。事業化するにあたって、多額の資金を調達する必要が生じるが、ベンチャー企業単独では限界がある。そこで、提携で合意した大企業との間で合同会社を共同出資により設立する。利益の分配は、出資額に応じて行う必要はなく、柔軟に取り決めることができる。ベンチャー企業の技術（知的財産）を評価して、出資割合の少ないベンチャー企業に対して、出資割合に応じないでより多くの利益分配がされるように、両者が定款に定めて柔軟に取り決めることができる。同じことは、産学連携にも当てはまる。

　株式会社の場合、株主平等原則に基づき、出資割合に応じて利益を分配

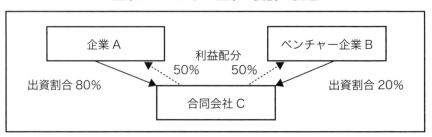

企業とベンチャー企業の提携の促進

するのが原則であるが、合同会社については、利益の分配を出資者間で自由に取り決めることができる。そのため、技術やノウハウなどの人的資産や知的財産を正当に評価し、その評価に基づいた分配が柔軟にできる点に活用のポイントがある。

　本書では、「第5章　合同会社の活用事例」において、合同会社の具体的な活用事例を紹介する。

第2章

合同会社の法務

I 設立

1. 設立手続の概要

合同会社の設立手続の概要は、次のとおりである。

第1に、定款の作成に先立って、定款の絶対的記載事項となる基本的な事項を決定する必要がある。会社の目的、商号、本店の所在地、社員、出資財産とその価額は最低限決める必要がある。さらに、合弁事業として利用する場合には、合弁契約の内容を盛り込むかどうかについても検討が必要である。

第2に、社員になろうとする者が定款を作成する。その全員がこれに署名または記名押印を行う。株式会社と異なり、公証人役場での認証は不要である。

第3に、社員になろうとする者は、定款を作成した後、設立の登記をする時までに、その出資に係る金銭の全額を払い込み（金銭出資の場合）、またはその出資に係る金銭以外の財産の全部を給付する（現物出資の場合）。これを「全額払込主義」という。

第4に、法務局に、登記申請の手続を行う。設立の登記をすることにより、合同会社は成立する。

第5に、設立後に、所轄税務署、都道府県、年金事務所等の行政機関に所定の届出を行う。

なお、株式会社と異なり、定款の認証が不要である点、払込取扱機関（銀行等）に対して金銭を払い込む必要がない点などから、設立の手続に要する期間は、定款を作成してから2、3週間程度と短期間である。

2. 定款の作成

合名会社、合資会社または合同会社（3つを合わせて「持分会社」と総

I 設立　19

【設立手続の流れ】

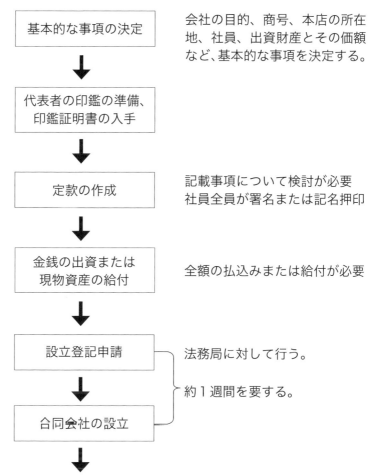

設立後、税務署、都道府県（東京都の場合、都税事務所）、年金事務所等への届出が必要

20　第2章　合同会社の法務

称する）を設立するには、その社員になろうとする者が定款を作成し、その全員がこれに署名し、または記名押印しなければならない（会社法575条1項）。設立時の定款は、会社の根本規則である。その根本規則を定めたうえで、書面として作成することが必要である。

　また、定款は、書面によらず電磁的記録をもって作成することができる。この場合は、電磁的記録に記録された情報については、法務省令で定める署名または記名押印に代わる措置をとらなければならない（同条2項）。具体的には電子署名が必要となる（会社法施行規則225条1項10号）。なお、定款を書面で作成する場合は印紙税が4万円かかるが、電磁的記録をもって作成する場合、印紙税はかからない。司法書士は電磁的記録により定款を速成するのに必要な機器やソフトウエアを保有している場合が多いため、司法書士に設立登記申請を依頼する場合は、電磁的記録により作成するのが通例である。

　合同会社は、社員が1名でも設立および存続できる。いわゆる1人社員が認められている。1人社員を認める実務上のニーズは高いと考えられる。米国のLLCについても、1人LLCが認められている（米国統一LLC法202条（a））。

　また、個人が社員となることに限定されておらず、法人も社員となることができるが、法人が業務執行社員となるときは、個人を職務執行者（業務執行社員の職務を行うべき者）として選任し、その者の氏名および住所を他の社員に通知しなければならない（会社法598条1項）。そのような通知義務を課しているのは、社員全員にとって重要な事項であるためである。

　なお、法人が選任する職務執行者はその法人の役員または従業員に限定されていない。その法人の役員または従業員以外の者を職務執行者として選任することもできる。また、社員となる法人の種類にも限定は置かれておらず、会社以外の法人（中間法人等）も、社員となることができる。

なお、銀行、信用金庫、信用協同組合、労働金庫、保険会社は、業務執行社員となることができない法規制が置かれている。

3. 定款の記載事項と記載例

合同会社の定款の作成については、株式会社の場合と異なり、公証人の認証手続は不要である。利害関係者の数が少なく、複雑な法律関係が生じる可能性が低いことから、あえて要求されていないのである。

(1) 絶対的記載事項

合同会社の定款には、次に掲げる事項を記載し、または記録しなければならない（会社法576条1項）。絶対的記載事項といい、定款に必ず記載すべき事項である。1つでも欠くと、定款が無効となる。

法人が社員となる場合は、その法人の代表者が署名または記名押印するが、定款を電磁的記録で作成するときは、電子署名が必要となる（会社法575条2項、会社法施行規則225条1項10号）。

定款の絶対的記載事項は、以下の6項目である。

① 目的

目的となる事業については、適法であること、営利性を有するものであることが求められる。具体性については、通達により登記官の審査対象外とされたため[15]、包括的・抽象的なものでも登記は受理されるものと思われる。ただし、業務執行社員の競業避止義務との関係もあるため、会社の実態に応じた検討が必要であると考えられる[16]。

---

15 平成18年3月31日民商782号通達第7部第2。
16 森本滋「合同会社の法と実務」商事法務、P56。

② 商号

　商号には、合同会社の文字を用いなければならない。また、他の種類の会社であると誤認される文字を使ってはいけない。

③ 本店の所在地

　本店の所在地は、独立最小行政区画（市区町村）までの記載でよく、番地まで記載する必要はない。

④ 社員の氏名または名称および住所

　社員の氏名または名称およびその住所を記載する。会社設立後に、社員の加入や持分の譲渡等により社員に変更が生じた場合には、定款の変更が必要になる。

　自然人、法人を問わず社員になることができ、外国法人もなることができる。法人が業務執行社員となるときは、個人を職務執行者（業務執行社員の職務を行うべき者）として選任し、その者の氏名および住所を他の社員に通知しなければならない（会社法598条1項）。なお、組合は法人格を有しないため、社員になることはできない。

⑤ 社員の全部を有限責任社員とする旨

　合名会社および合資会社と異なる点であり、合同会社の場合は、社員の全部を有限責任社員とする旨を記載し、または記録しなければならない。

⑥ 社員の出資の目的（社員の全部が有限責任社員であるため、金銭等に限られる）およびその価額または評価の基準

　合同会社の社員は全員が有限責任社員であり、定款で定められた出資

の価額の範囲内で会社の債務について責任を負うため、出資できる財産は、会社がその評価額を定めることができる金銭または現物資産に限られる。信用や労務による出資は認められていない。

　合同会社の社員の氏名または名称および出資の価額を定款の絶対的記載事項とすべきかどうかについては、社員の業務執行権限の有無が定款上定められる法制の下で社員の氏名・名称が定款に記載されないと、定款記載の不備等から混乱が生じるおそれがあるとの理由で、絶対的記載事項とされた経緯がある[17]。

　また、合同会社は、社員のすべてが有限責任であるため、出資の目的財産が金銭等（金銭または現物資産）に限定されている。合名会社または合資会社と異なり、労務出資や信用出資は認められない。もっとも、価額の評価が可能な財産を出資の目的とすることを趣旨とするものであり、労務や出資に係るものであることを理由として禁止しているわけではなく、これらと同等の効果が得られる報酬債権や営業権等の評価が可能な権利を出資の目的とすることは、定款の定め方次第で可能であると解されている[18]。

　合同会社の場合は、⑤に掲げる事項として、その社員の全部を有限責任社員とする旨を記載し、または記録しなければならない（同条３項）。

(2) 相対的記載事項

　定款には、この法律の規定により定款の定めがなければ効力を生じない事項およびその他の事項でこの法律の規定に違反しないものを記載し、または記録することができる（会社法577条）。相対的記載事項といい、記載がなくても、定款自体が無効になることはないが、定款に記載しなければその効力を生じない事項をいう。これには、①会社法が相対的記載事項で

17　江頭憲治郎「会社法制の現代化に関する要綱案の解説（Ⅷ）」商事法務No.1729、P5。
18　相澤哲編著「立案担当者による新・会社法の解説」別冊商事法務295号、P156。

24　第2章　合同会社の法務

あるとして規定しているもの、および②会社法は規定していないが、社員の利益に重大な影響があるため記載を要すると解されるものがある。

　会社法が定款に定めることができる事項として規定しているものには、主に次のような規定がある。

---

①　社員の持分譲渡について、他の社員全員の承諾がなければ他人に譲渡することができないが、定款でこれと異なる定めをすることができる（会社法585条4項）。

②　各社員が業務執行権を有し、社員が2人以上あるときは、業務執行に関する意思決定はその過半数をもって決定するとされているが、定款でこれと異なる定めをすることができる（会社法590条1項、2項）。例えば、一定の業務については、特定の社員が単独で決定できると定めることも可能である。逆に、社員全員の同意がなければ決定することができない業務を定めることもできる。

③　業務執行社員を定款で定めた場合において、業務執行社員が2人以上あるときは、合同会社の業務は業務執行社員の過半数をもって決定するのが原則であるが、定款にこれと異なる定めをすることができる（会社法591条1項）。

④　業務執行社員を定款で定めた場合には、各社員は、業務を執行する権利を有しないときであっても、その業務および財産の状況を調査することができる。これについて、定款で別段の定めをすることができる。ただし、定款によっても、社員が事業年度の終了時または重要な事由があるときに調査をすることを制限する旨を定めることはできない（会社法592条1項、2項）。

⑤　業務執行社員は、会社に対して競業避止義務を負い、利益相反取引に関する規制を受けるが、これについて定款で別段の定めをする

ことができる（会社法594条1項、595条1項）。一定の業務については特定の社員が単独で決定することができるとしたり、逆に社員全員の同意があるときに限り行うことができる業務を定めたりすることも可能である。

⑥　業務を執行する社員は合同会社を代表するが、定款の定めにより、他に合同会社を代表する社員その他合同会社を代表する者を定めることができる（会社法599条1項）。特定の社員を代表社員として定めた場合には、代表社員を変更するときに定款変更が必要になる。

⑦　合同会社の存続期間を定款で定めなかった場合またはある社員の終身の間合同会社が存続することを定款で定めた場合には、各社員は、事業年度の終了の時において退社をすることができ、この場合に、各社員は、6ヵ月前までに合同会社に退社の予告をしなければならないとされているが、定款でこれと異なる定めをすることができる（会社法606条2項）。

⑧　損益の分配、利益の配当、出資の払戻しに関する事項を定款で定めることができる（会社法621条2項、622条1項、624条2項）。

⑨　その社員が死亡した場合または合併により消滅した場合における当該社員の相続人その他の一般承継人が当該社員の持分を承継する旨を定款で定めることができる（会社法608条1項）。株式会社の場合の株主と異なり、社員の死亡または合併による消滅（法人社員に限る）は法定退社事由とされており、相続人等の一般承継人が社員の持分を承継しないとされているが、定款で承継する旨を定めることが可能という意味である。

⑩　合同会社の定款は、本来、総社員の同意によって変更をすることができるが、定款の定めにより、これと異なる定めをすることができる（会社法637条）。

26　第2章　合同会社の法務

⑪　合同会社は、定款で定めた存続期間の満了または定款で定めた解
　散の事由の発生により、解散することを定めることができる（会社
　法641条1項1号、2号）。

（3）任意的記載事項

　定款には、絶対的記載事項および相対的記載事項のほかに、会社法また
は公序良俗に反しない限り、一定の事項を記載することが認められる。定
款に記載しなくても定款が無効になることはなく、その事項の効力は生じ
得る。定款に記載することによって明瞭性が高まることになり、また、そ
の変更にあたっては定款変更の手続が必要になる。

　任意的記載事項として記載されることがある事項としては、公告の方法、
事業年度の取扱い、社員総会[19]に関する事項などである。

①　公告の方法

　公告の方法としては、官報に記載する方法、日刊新聞紙に記載する方法、
電子公告による方法がある。公告の方法に係る記載が定款にない場合は、
官報に記載する方法による（会社法939条4項）。

②　事業年度の取扱い

　事業年度の取扱いを定款に定めることは求められていないが、定款に
定める場合が多い。通常は、1年を1事業年度とする。事業年度は1年
を超えることができず、事業年度を変更した場合は1年6ヵ月を超える
ことができない（会社計算規則71条2項）。ただし、法人税法上、1年ご
とに区分しなければならないとする「みなし事業年度」の規定が適用さ

19　合同会社には社員総会はないが、定款で定めることはできる。

れる（法法13条）。

③　社員総会

　会社法上、合同会社の社員総会に関する規定はない。合同会社の場合、そもそも会議体を設けることも求められていない。しかし、定款で会議体の定めを置くことは可能である。定時社員総会、臨時社員総会の招集に係る規定を定款に定める例がみられる。

以下、定款の記載例を掲げる。

　なお、合同会社は、株式会社と比べ、定款自治の性格が強い。会社の実情に合わせて記載することに留意が必要である。絶対的記載事項を必ず記載し、相対的記載事項および任意的記載事項として何を記載するかについては、社員の総意により決定すべきである。

○○合同会社定款

第1章　総則

（名称）
第1条　当法人は、○○合同会社と称する。
（目的）
第2条　当法人は，次の各号に掲げる事業を行うことを目的とする。
　　1　○○の製造販売
　　2　○○の売買
　　3　○○の賃貸
　　4　前各号に附帯する一切の業務
（本店の所在地）
第3条　当法人は、本店を東京都○○区○○町に置く。

28 第2章 合同会社の法務

（公告の方法）

第4条 当会社の公告は、官報に掲載してする。

第2章 社員及び出資

（社員の氏名、住所、出資及び責任）

第5条 社員の氏名及び住所、出資の価額並びに責任は、次のとおりである。

 一 金500万円 東京都○○区○○町○番○号 有限責任社員○○○

 二 金300万円 神奈川県○○市○○町○番○号 有限責任社員ＸＸＸ

 三 金200万円 埼玉県○○市○○町○番○号 有限責任社員△△株式
 会社

 2 当会社の社員は、全員有限責任社員とする。

（持分譲渡の制限）

第6条 当会社の社員は、その持分の全部又は一部を他人に譲渡するには、
 他の総社員の承諾を得なければならない。

（新加入社員の責任）

第7条 当会社の設立後入社した社員は、その加入前に生じた会社の債権に
 ついて責任を負うものとする。

第3章 業務の執行及び会社の代表

（業務の執行）

第8条 当会社の業務は、業務執行社員が執行するものとし、総社員の同意
 により、社員の中からこれを選任する。

 2 業務執行は業務執行社員の過半数をもって決定する。

 3 前項の規定にかかわらず、会社の常務は、業務執行社員が単独でこ
 れを行うことができる。但し、その完了前に、他の業務執行社員が異
 議を述べた場合は、この限りではない。

（業務執行社員）

第9条 社員○○○及び社員×××は、業務執行社員とし、当法人の業務を執
 行するものとする。

（代表社員）

第10条　代表社員は、業務執行社員の互選をもって、これを定める。

（競業の禁止）

第11条　当会社の業務執行社員は、他の社員全員の承諾を得なければ、次
　　　　に掲げる行為をしてはならない。

　　　　一　自己又は第三者のために当会社の事業の部類に属する取引をす
　　　　　　ること

　　　　二　当会社の事業と同種の事業を目的とする他の会社の取締役、執行
　　　　　　役又は業務を執行する社員となること

（利益相反取引の制限）

第12条　当会社の業務執行社員は、次に掲げる場合には、他の社員の過半
　　　　数の承諾を得なければならない。

　　　　一　自己又は第三者のために当会社と取引をしようとするとき

　　　　二　当会社が業務執行社員の保証をすることその他社員でない者と
　　　　　　の間において当会社と当該社員との利益が相反する取引をしよう
　　　　　　とするとき

（業務及び財産の状況報告義務）

第13条　業務執行社員は、他の社員の請求があるときは、いつでも、会社
　　　　の業務及び財産の報告をしなければならない。

（報酬）

第14条　社員の報酬は、社員の過半数の同意をもって決定する。

第4章　社員の加入及び退社

（加入）

第15条　新たに社員を加入させるには、総社員の同意を要する。

（任意退社）

第16条　各社員は、事業年度の終了の時において退社をすることができる。
　　　　この場合において、各社員は、2ヵ月前までに会社に退社の予告を
　　　　しなければならないものとする。

2　前項の規定に関わらず、各社員は、やむを得ない事由があるときは、いつでも退社することができる。

（法定退社）

第17条　各社員、第16条（任意退社）、会社法第609条第1項（持分の差押債権者による退社）、同法第642条第2項（持分会社の継続に同意しなかった社員の退社）及び同法第845条（設立の無効又は取消しの原因が一部の社員のみにあるときの退社）の場合のほか、次に掲げる場合に退社する。

一　総社員の同意

二　死亡

三　合併（合併により当該法人である社員が消滅する場合に限る）

四　破産手続開始の決定

五　解散（前二号に掲げる事由によるものを除く）

六　後見開始の審判を受けたこと

七　除名

2　前項の規定にかかわらず、社員が死亡した場合又は合併により消滅した場合における当該社員の相続人その他の一般承継人が当該社員の持分を承継することとする。

（脱退社員に対する持分の払戻し）

第18条　社員が脱退した時は、脱退時における当法人の財産の割合によってその持分を払い戻す。

第5章　計算

（営業年度）

第19条　当会社の営業年度は、毎年4月1日に始まり翌年3月31日に終わるものとする。

（計算書類の承認）

第20条　代表社員は、毎会計年度の終わりにおいて計算を行い、次に掲げる書類を各社員に提出して、その承認を得なければならない。

1　財産目録

　　2　貸借対照表

　　3　業務報告書

　　4　損益計算書

　　5　利益の処分に関する議案

（利益の配当）

第21条　利益の配当をしようとするときは、①配当財産の種類及び帳簿価
　　　　額の総額、②社員に対する配当財産の割当てに関する事項、③当該
　　　　利益の配当がその効力を生じる日を、社員の過半数をもって定める。

　　2　社員は、前項に定める場合を除き、当会社に対し、利益の配当を請
　　　　求することができない。

（損益分配の割合）

第22条　各社員の損益分配の割合は、その出資額の割合による。

第6章　定款の変更

（定款の変更）

第23条　定款の変更は、総社員の同意をもって行う。

第7章　解散の事由

（解散の事由）

第24条　当会社は、次に掲げる事由によって解散する。

　　一　総社員の同意

　　二　社員が欠けたこと

　　三　合併（合併により当会社が消滅する場合に限る）

　　四　破産手続開始の決定

　　五　会社法第824条（会社の解散命令）又は同法第833条第2項（会
　　　　社の解散の訴え）の規定による解散を命ずる裁判

32　第2章　合同会社の法務

第8章　附則

（最初の事業年度）

第25条　当会社の最初の事業年度は、当会社成立の日から令和○年○月○
　　　　日までとする。

（定款に定めがない事項）

第26条　この定款に定めのない事項については、会社法その他の法令の定
　　　　めるところによるものとする。

以上、○○合同会社の設立のため、この定款を作成し、社員が次に記名押印
する。

令和○○年○月○日

有限責任社員　　　　　　○○○　　　　　　　㊞

有限責任社員　　　　　　ＸＸＸ　　　　　　　㊞

有限責任社員　　　　　　△△株式会社

　　　代表取締役　　　△△△　　　　　　　㊞

4.　設立時の出資の履行

（1）出資の履行

　合同会社の社員になろうとする者は、定款の作成後、合同会社の設立の
登記をする時までに、その出資に係る金銭の全額を払い込み、またはその
出資に係る金銭以外の財産の全部を給付しなければならない。これを「全
額払込主義」という。ただし、合同会社の社員になろうとする者全員の同
意があるときは、登記、登録その他の権利の設定または移転を第三者に対
抗するために必要な行為は、合同会社の成立後にすることは認められる（会
社法578条）。

　合同会社の設立時の出資に係る規定は、株式会社の規定と異なり、現物
出資のときの検査役の調査に係る規定が置かれていない。また、現物出資

に係る目的物の定款で定めた価額が実際の価額に不足するときの不足額填補責任や変態設立事項[20]に係る検査役の調査を定めていない。

　合同会社については、金銭出資または現物出資のみが認められるが[21]、全額の払込みが必要とされる。これは、社員の責任を出資の価額に限定するとともに、設立時または入社時に定款で定めた出資の全額を履行させることによって、社員の間接有限責任を確保することを目的とするものである。このように社員の間接有限責任を確保することによって、他の持分会社よりも広く出資を募ることが可能となり、会社債権者にとってその債権の責任財産を明確にすることになる[22]。

　最低資本金規制の撤廃により、出資額1円以上から設立は可能である。ただし、会社の運転資金として必要な額と設立のために必要な費用の額の両方を考慮して、払込金額を決めることになろう。なお、設立のために必要な費用は、株式会社の場合と異なり、公証人による定款の認証も必要ないことから、原則として、登録免許税6万円のみである[23]。

　合同会社は、その本店の所在地において設立の登記をすることによって成立する（会社法579条）。

　合同会社の場合、株式会社と異なり、出資の履行に当たり金銭の払込み

20　株式会社の設立の際に、発起人が自己または第三者の利益を図って会社の財産的基礎を危うくする可能性があるため、定款に記載し、裁判所に選任された検査役の調査を受けなければ効力を生じない事項のことをいう。具体的には、①現物出資、②財産引受、③発起人が受ける報酬その他の特別利益、④会社の負担する設立に関する費用（定款の認証手数料その他会社に損害を与えるおそれがないものとして法務省令で定めるものを除く）の4つである（会社法28条）。

21　もっとも価額の評価が可能な財産を出資の目的とすることを趣旨とするものであり、労務や出資に係るものであることを理由として禁止しているわけではなく、これらと同等の効果が得られる報酬債権や営業権等の評価が可能な権利を出資の目的とすることは、定款の定め方次第で可能であると解されている（相澤哲編著「立案担当者による新・会社法の解説」別冊商事法務295号、P156。

22　相澤哲・群谷大輔「持分会社」旬刊商事法務No.1748、P15。

23　登録免許税法別表第1の24（1）ハにより、資本金の額の1,000分の7（6万円に満たないときは、申請1件当たり6万円）とされている。定款を紙で作成するときは別途印紙税が4万円かかるが、電磁的記録によるとき、いわゆる電子定款による場合は印紙税は不要である。

を払込取扱機関(銀行等の金融機関)に対して行う必要がないとされている。したがって、代表社員となるべき者の預金口座に入金しなくてもよいとされている。ただし、登記申請において、払込みがあったことを証する書面が必要になるため、代表社員となるべき者の預金口座に振り込み、その通帳のコピーを払込みがあったことを証する書面の添付書類として用いる方法が一般的である。

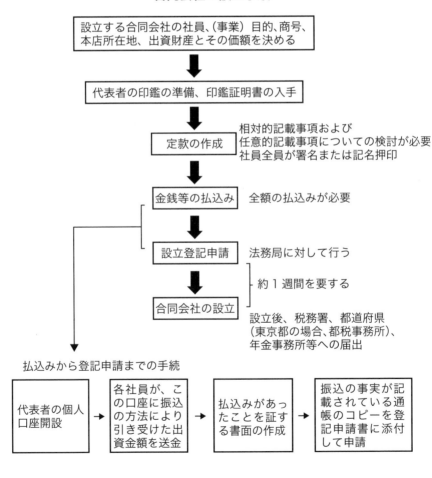

なお、合同会社の設立に際して必要となる書類である合同会社設立登記申請書、代表社員、本店所在地及び資本金決定書、代表社員の就任承諾書、職務執行者の選任に関する書面、職務執行者の就任承諾書、払込みがあったことを証する書面および資本金の額の計上に関する代表社員の証明書および委任状の記載例は、次のとおりである。

合同会社設立登記申請書

```
          合同会社設立登記申請書

1. 商号          ○○合同会社
1. 本店          東京都○○区○○町○丁目○番○号
1. 登記の事由     設立の手続終了
1. 登記すべき事項  別添ＦＤのとおり
1. 課税標準金額    金500万円
1. 登録免許税     金60,000円
1. 添付書類
   定款                                          1通
   代表社員、本店所在地及び資本金を決定したことを証する書面  1通
   代表社員の就任承諾書                            1通
   印鑑証明書                                     1通
   払込みがあったことを証する書面                     1通
   資本金の額の計上に関する代表社員の証明書            1通
   委任状                                        1通


上記のとおり登記の申請をします。
      令和    年    月    日
           申請人         東京都○○区○○町○丁目○番○号
                         ○○合同会社

           代表社員       神奈川県○○市○○町○丁目○番○号
                         ○○株式会社
                         代表取締役  山田一郎

           職務執行者     千葉県○○市○○町○丁目○番○号
                         甲野健一

        法務局   ○○支局    御中
              ~~出張所~~
```

代表社員，本店所在地及び資本金決定書

代表社員，本店所在地及び資本金決定書

1．本店　東京都○○区○○町○丁目○番○号
2．代表社員　○○株式会社
3．資本金　金○○円

上記事項を決定する。

　　　令和○年○月○日
　　　　　　○○合同会社
　　　　　　　社員　○○株式会社
　　　　　　　　　代表取締役　山田一郎 ㊞
　　　　　　　社員　鈴木太郎 ㊞

代表社員の就任承諾書の例

就任承諾書

当社は，令和○年○月○日，貴社の代表社員に定められたので，その就任を承諾します。

令和○年○月○日
　　　　　　　　神奈川県○市○町○丁目○番○号
　　　　　　　　　　○○株式会社
　　　　　　　　　　代表取締役　山田一郎 ㊞
　　　○○合同会社　御中

38　第2章　合同会社の法務

職務執行者の選任に関する書面の例

取締役会議事録

　令和○年○月○日午前○時○分当会社の本店において，取締役○名（総取締役数○名）出席のもとに，取締役会を開催し，下記議案につき可決確定のうえ，午前○時○分散会した。

1　職務執行者選任の件

　取締役山田一郎は選ばれて議長となり，今般○○合同会社の代表社員として当会社が選定されることに伴い，職務執行者を選任したい旨を述べ，慎重協議した結果，全員一致をもって次のとおり選任した。なお，被選任者は，その就任を承諾した。

　職務執行者　甲野健一

　上記の決議を明確にするため，この議事録をつくり，出席取締役の全員がこれに記名捺印する。

令和○年○月○日

　　　　　　　　　　　　　　　　　　○○株式会社

　　　　　　　　　　　　　　　　　　出席取締役　　山田一郎　㊞

　　　　　　　　　　　　　　　　　　同　　　　　　甲野健一　㊞

　　　　　　　　　　　　　　　　　　同　　　　　　斉藤次郎　㊞

職務執行者の就任承諾書の例

就任承諾書

私は，令和○年○月○日，○○合同会社代表社員の職務執行者に選任されたので，その就任を承諾します。

令和○年○月○日

　　　　　　　　　　　　　神奈川県○市○町○丁目○番○号

　　　　　　　　　　　　　　　　　　　　　甲野健一　㊞

　　　○○株式会社　御中

I 設立　**39**

払込みがあったことを証する書面の例

証明書

当会社の資本金については以下のとおり，全額の払込みがあったことを証明します。

　　　　　　　　払込みを受けた金額　金○○円

　　令和○年○月○日

　　　　　　　　　　　　　○○合同会社
　　　　　　　　　　　　　代表社員　○○株式会社
　　　　　　　　　　　　　職務執行者　甲野健一　㊞

(注1)「払込みを受けた金額」には、代表社員の通帳に振り込まれた出資金の合計額を記載する。

(注2) 本証明書には、登記所に届け出るべき印鑑を押印する。

(注3) 出資金払込証明書の日付は「銀行の通帳に出資金が振り込まれた最後の日付」を記載する。綴じる)。

また、出資金払込証明書には、次の順序で通帳の該当箇所のコピーを添付して申請を行う（ホチキスで綴じる）。

① 　出資金払込証明書
② 　通帳表紙のコピー
③ 　通帳表紙裏のコピー（銀行の支店名、口座番号、口座名義人が記載されているページ）
④ 　出資金の振込を確認できるページ

資本金の額の計上に関する代表社員の証明書の例

資本金の額の計上に関する証明書

① 払込みを受けた金額（会社計算規則第75条第1項第1号）

金○○円

② 資本金及び資本準備金の額として計上すべき額から減ずるべき額と定めた額（会社計算規則第75条第1項第3号）

金○○円

③ 資本金等限度額（①−②）　金○○円

資本金○○円は会社計算規則第75条の規定に従って計上されたことに相違ありません。

　　令和○年○月○日

　　　　　　　　　　　　　　○○合同会社
　　　　　　　　　　　　　　代表社員　○○株式会社
　　　　　　　　　　　　　　職務執行者　甲野健一　　㊞

（注）本証明書には，登記所に届け出るべき印鑑を押印します。

I 設立　41

委任状の例

委任状

千葉県○○市○○町○丁目○番○号
乙田和男

　私は，上記の者を代理人に定め，次の権限を委任する。

1　当会社設立登記を申請する一切の件
1　原本還付の請求及び受領の件（注）原本還付を請求する場合に記載します。

令和○年○月○日

　　　　　　　　　　　○○合同会社
　　　　　　　　　　　代表社員　○○株式会社
　　　　　　　　　　　職務執行者　甲野健一　　㊞（注）

　（注）代表社員が登記所に提出する印鑑を押印してください。

42　第2章　合同会社の法務

(2) 設立無効・取消しの訴え

　合同会社の成立後、会社成立の無効を主張するためには、その会社の成立の日から2年以内に、その会社の社員または清算人による訴えによらなければならないとされている（会社法828条1項1号、2項1号）。また、合同会社の社員は、その会社の成立の日から2年以内に、訴えをもって設立の取消しを請求することができるとされている（会社法832条1号）。取消事由は、民法その他の法律の規定により設立の意思表示を取り消すことができる場合である[24]。さらに、合同会社の債権者は、合同会社の社員がその債権者を害することを知って合同会社を設立したときには、会社成立の日より2年以内に、訴えをもってその設立を取り消すことを請求できる（会社法832条2号）。

　誰でもいつでも設立無効・取消しを主張できるのでは、取引の安全を害することになる。このように設立の無効・取消しの主張が訴えをもってのみできるとし、提訴権者および提訴期限を定めているのは、取引の安全を確保するためであると考えられる。

　設立無効原因としては、重大な違法性が認められる事由であり、定款の絶対的記載事項が欠けている場合は、これに該当すると考えられる。

(3) 定款の変更

　定款に別段の定めがある場合を除いて、総社員の同意によって、定款の変更をすることができる（会社法637条）。合同会社は、会社の内部関係については組合的規律が適用される組織形態であるから、重要事項の決定は総社員の同意によることが原則である。したがって、定款の変更についても、会社法に特則規定がない限り、原則として総社員の一致が必要になる。た

24　森本滋「合同会社の法と実務」商事法務、P100。

だし、定款に別段の定めを置いて、原則と異なる定款変更の決議要件を定めることも認められる[25]。そのような別段の定めを置くことについても、総社員の一致があることが前提となるから認められるのである。

また、定款変更の決議要件以外の事項について、定款に別段の定めを置くことも総社員の一致により可能である。定款自治の範囲が非常に広いということができる。

なお、次に掲げる定款の変更をすることにより、それぞれに掲げる種類の持分会社に変更することができる（会社法638条3項1号から3号）。他の会社類型への変更であり、会社の種類変更という。社員の責任の範囲を定款で変更するという考え方に立った規定である。すなわち、持分会社間の種類の変更は、組織変更ではなく、構成員である社員の変動または責任の変更による構成員の責任の態様の変更として整理されている。

---

① その社員の全部を無限責任社員とする定款の変更により、合名会社に変更
② 無限責任社員を加入させる定款の変更により、合資会社に変更
③ その社員の一部を無限責任社員とする定款の変更により、合資会社に変更

定款変更により合名会社または合資会社から合同会社となった場合は、合同会社の社員に全額払込責任が課せられるため、社員に未履行の出資があった場合の全額の払込みまたは給付の義務が課せられる（会社法640条）。

なお、会社が種類変更した場合、その効力が生じた日から2週間以内に、その本店の所在地において、その変更前の会社については解散の登記をし、その変更後の会社については設立の登記をする必要がある（会社法919条、920条）。

---

25 「新基本法コンメンタール　会社法3」(別冊法学セミナー No.201) 日本評論社、P72 (今泉邦子)。

44 第2章 合同会社の法務

Ⅱ 社員の責任、持分の譲渡等

1. 社員の責任

持分会社の社員は、①持分会社の財産をもってその債務を完済することができない場合、および②持分会社の財産に対する強制執行がその効を奏しなかった場合には、連帯して、持分会社の債務を弁済する責任を負う（会社法580条1項）。

ただし、有限責任社員は、その出資の価額（すでに持分会社に対し履行した出資の価額を除く）を限度として、持分会社の債務を弁済する責任を負う（同条2項）。合同会社の社員は、全員が有限責任であるため、株式会社と同様に、出資の価額の範囲内での弁済責任となるが、すでに出資済みであることから弁済責任は生じない。これを間接有限責任という。合同会社の社員となる者は、定款作成後、設立登記をするときまでに出資を履行しなければならないとされている（会社法578条）。したがって、基本的には会社成立後に出資の未履行部分はないので、会社債権者への弁済責任は生じないことになる。

2. 持分の譲渡等

（1）持分の譲渡

社員は、他の社員の全員の承諾がなければ、その持分の全部または一部を他人に譲渡することができない（会社法585条1項）。

1項の規定にかかわらず、業務を執行しない有限責任社員は、業務執行社員の全員の承諾があるときは、その持分の全部または一部を他人に譲渡することができる（同条2項）。合同会社の場合、持分を譲渡する社員が業務執行社員であるときは他の社員全員の同意、持分を譲渡する社員が非業務執行社員であるときは業務執行社員全員の同意が必要と規定されている。

ただし、後で説明するように、定款で別段の定めをすることができる。

定款の変更には、原則として社員全員の同意が必要であるが（会社法637条）、業務を執行しない有限責任社員の持分の譲渡に伴い定款の変更を生ずるときは、その持分の譲渡による定款の変更は、業務執行社員の全員の同意によってすることができる（会社法585条3項）。社員の氏名または名称および住所が定款の記載事項とされているため、社員の持分譲渡に伴い定款の変更は必ず生ずる。非業務執行社員の持分の譲渡に伴う定款の変更については、業務執行社員の全員の同意でよいという意味である。

以上の会社法585条1項から3項については、定款で別段の定めをすることができる（同条4項）。定款自治の原則が適用される。その定めの内容については、特に制限はなく、例えば業務執行社員が決定するものとすることや、一定の場合には承諾を要しないものとすることなどを定めることもできると解されている[26]。

持分譲渡について、会社法585条4項に基づいて、定款で要件を緩和した場合に、会社に対する対抗要件と第三者に対する対抗要件という問題が生じ得る。会社に対する対抗要件については、会社に対する通知が必要であると考えられる。一方、第三者に対する対抗要件としては、会社法上明確な規定はないが、民法467条の確定日付のある承諾をとる実務での対応が行われているようである。合名会社および合資会社の場合は登記により対抗するが、合同会社の場合は、社員の氏名または名称および住所が登記事項でないため、そのような実務対応がとられているものと考えられる。

(2) 自己持分の取得の禁止

株式会社は、一定の手続規制と財源規制のもとで、自己株式を取得する

---

26 相澤哲編著「立案担当者による　新・会社法の解説」別冊商事法務No.295、P158。

ことが認められている。一方、合同会社は、その持分の全部または一部を譲り受けることができない（会社法587条1項）。また、譲渡以外の方法（例えば合併等）で持分を取得した場合には、その持分は消滅し、保有することが認められない（同条2項）。

　したがって、社員が退社するときは、合同会社に対する持分の譲渡は認められず、合同会社以外の者に対する持分の譲渡または退社に伴う持分の払戻し（会社法611条）で対応しなければならない点に留意が必要である。

3. 誤認行為の責任

　合同会社の社員がその責任の限度を誤認させる行為をしたときは、その社員は、その誤認に基づいて合同会社と取引をした者に対し、その誤認させた責任の範囲内で合同会社の債務を弁済する責任を負う（会社法588条2項）。合同会社の社員は全員が有限責任社員であるが、その責任の限度を事実よりも多く誤認させた場合は、この責任を負うことになる。

　合同会社の社員が、無限責任社員であると誤認される行為をした場合またはその商号を合名会社と偽った場合には、本条は直接適用されないが、本条が類推適用されるものと解されている[27]。

　また、合資会社または合同会社の社員でない者が、自己を有限責任社員であると誤認させる行為をしたときは、当該社員でない者は、その誤認に基づいて合資会社または合同会社と取引をした者に対し、その誤認させた責任の範囲内でその合資会社または合同会社の債務を弁済する責任を負う（会社法589条1項）。社員でない者が社員であると誤認させる行為についての責任を定めた規定である。

27　相澤哲編著「立案担当者による　新・会社法の解説」別冊商事法務No.295、P158。

Ⅲ 管理

1. 業務の執行

業務執行とは、会社がその事業を行うために必要な意思決定とその執行行為をいう。執行行為には、契約締結等の法律行為と帳簿の記入、従業員の管理、商品の管理等の事実行為が含まれる[28]。

社員は、定款に別段の定めがある場合を除き、合同会社の業務を執行する（会社法590条1項）。定款に別段の定めがないときは、合同会社の全社員が業務執行権を有するという意味である。一方、定款の定めによって、業務執行権を有する社員と業務執行権を有しない社員に分けることができるが、それについては後で説明する。また、定款の定めにより、任意で社員総会を設置することも認められる。その場合、その社員総会で業務執行社員を選任すると定めることも可能である。

社員が2人以上の場合には、合同会社の業務の決定は、定款に別段の定めがある場合を除き、社員の過半数をもって行う（同条2項）。定款に別段の定めをしない限り、合同会社の業務の決定は、社員の頭数の過半数により行うが、定款に別段の定めをすることはできる。定款の別段の定めとしては、例えば社員の全員の一致で行うものとする、特定の社員の決定によるものとするなどが考えられる。

なお、業務執行について所定の意思決定を欠く、あるいは、意思決定自体が無効である場合の代表権を有する社員によってなされた執行行為の対外的効力については、株式会社において代表取締役が必要な取締役会決議に基づかずに業務執行を行った場合と同様に取り扱われるべきものと解されるが、原則として有効であり、悪意・重過失の相手方に対してしかその

28　江頭憲治郎「株式会社法（第4版）」有斐閣、P356。

48　第2章　合同会社の法務

無効を主張できないと解されている[29]。

2.　常務に関する意思決定

　会社法590条2項の規定にかかわらず、合同会社の常務は、各社員が単独で行うことができる。ただし、その完了前に他の社員が異議を述べた場合は、単独で行うことはできない（会社法590条3項）。ここでいう「常務」とは、当該会社において日常行われるべき通常の業務であると解される[30]。

　会社の常務とは、日常的に行われる通常の業務のことであり、各社員が単独で行うことができるが、その完了前に他の社員が異議を述べた場合は、社員の過半数の決定、もしくは定款で別段の定めをしている場合はその定款の定めによって行うことになる。

3.　業務執行社員を定款で定めた場合

(1)　業務執行社員を定款で定めた場合

　業務執行社員を定款で定めなければ、原則どおり、各社員が業務執行を行う。一方、定款の別段の定めにより、業務執行社員と非業務執行社員に分けることができる。前者が所有と経営の一致、後者が所有と経営の分離を一部認めるものである。業務執行社員を定款で定めた場合は、それ以外の社員は業務執行権を喪失する点に留意が必要である。

　業務執行社員を定款で定めた場合、業務執行社員が2人以上あるときは、合同会社の業務は、定款に別段の定めがある場合を除き、業務執行社員の過半数をもって決定する。この場合、合同会社の常務については、各業務執行社員が単独で行うことができる。ただし、その完了前に他の業務執行社員が異議を述べた場合は、単独で行うことはできない（会社法591条1項、

29　江頭憲治郎「株式会社法（第4版）」有斐閣、P401。
30　最判・昭和50年6月27日、民集29巻6号、P879。

590条3項)。

　上記の規定から、合同会社の業務執行者は、社員に限られるという点を明らかにしている。社員の人的関係を重視した会社類型であるため、社員以外の者を業務執行者とすることはできない。ただし、法人が業務執行社員となる場合は、その法人が選任した個人が職務執行者となり、合同会社の業務を執行することは可能である（会社法598条1項）。職務執行者には資格制限がないため、社員以外の第三者を職務執行者に選任することもできる。

　なお、「業務を執行する社員が2人以上あるときは」と規定されているが、定款で業務を執行する社員を1人のみ定めることはもちろん可能であり、

● **業務執行社員を定款で定めない場合**

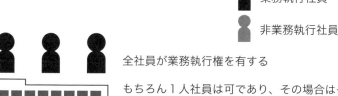

全社員が業務執行権を有する

もちろん1人社員は可であり、その場合はその社員のみが単独で業務執行を行う。

● **業務執行社員を定款で定める場合**

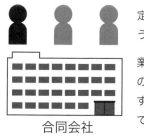

定款で定めた業務執行社員のみが業務執行を行う。

業務執行社員が2人以上あるときは、合同会社の業務は、業務執行社員の過半数をもって決定する。ただし、定款に別段の定めを置くことはできる。

その場合はその者が単独で業務の執行を行うことになる。

(2) 支配人の選任・解任

　業務執行社員を定款で定めた場合において、業務執行社員が2人以上あるときは、合同会社の業務は、定款に別段の定めがある場合を除き、業務執行社員の過半数により決定することになるが、その場合であっても、支配人の選任および解任は、社員の過半数をもって決定する必要がある。ただし、定款で別段の定めをすることはできる（会社法591条2項）。

　支配人の選任・解任は、業務執行の決定事項ではあるが、その重要性から置かれている規定であると考えられる。ただし、定款で別段の定めをすることができるので、例えば業務執行社員の過半数により決定すると定款に定めることも可能である。

(3) 業務執行社員全員の退社

　業務執行社員を定款で定めた場合、その業務執行社員の全員が退社したときは、その定款の定めは、その効力を失う（会社法591条3項）。定款の定めがその効力を失うということは、原則に戻り、各社員が業務執行を行うことになるという意味である。また、残存する社員が新たな業務執行社員を定款で定めることもできる。

　業務執行社員は、正当な事由がなければ辞任することができない（同条4項）。また、正当な事由がある場合に限り、他の社員の一致によって解任することができる（同条5項）。業務執行者にとって、業務執行は権利でもあり義務でもある。濫りに辞任を許すと、合同会社の業務に支障を生じさせるおそれがあるため、辞任にあたっての正当な事由を求めているものと考えられる。ただし、辞任にあたっての正当な事由と解任にあたっての正当な事由は、同様のものではない。辞任についてはできるだけ緩やかに解し、

業務の遂行上不都合な時期における辞任に関してのみ、損害賠償の問題として解決すべきとする見解がみられる[31]。

　一方、解任にあたっての正当な事由については、業務執行権の消滅の訴え事由である出資義務の不履行（合同会社の場合は全額払込主義のため、この事由はない）、競業避止義務違反、不正行為、重要な義務を尽くさないこと、著しい不適任などは正当な事由に含まれると解される[32]。

　なお、4項および5項の規定は、定款で別段の定めをすることができる（同条6項）。したがって、例えば解任について株式会社と同様の取扱い（過半数の同意）を定めることも可能である。

4. 社員の合同会社の業務および財産状況に関する調査

　業務執行社員を定款で定めた場合には、各社員は、業務を執行する権利を有しないときであっても、その業務および財産の状況を調査することができる（会社法592条1項）。非業務執行社員であっても、調査権を有することが明確化されている。

　この調査権については、定款の定めにより制限することはできる。しかし、定款をもってしても、社員が事業年度の終了時または重要な事由があるときに調査をすることを制限する旨を定めることはできない（同条2項）。

　業務執行社員が正当な理由なく調査を拒絶するときは、訴えをもって除名の請求の対象に、または業務執行権・代表権の消滅の請求の対象になり得るし、過料の対象にもなり得る（会社法859条5号、860条1号、976条4号、5号）。

31　「会社法コンメンタール14」商事法務、P139（宍戸善一）。
32　「会社法コンメンタール14」商事法務、P140（宍戸善一）。

52　第2章　合同会社の法務

5.　業務執行社員

(1)　業務執行社員と合同会社との関係

① 善管注意義務と忠実義務

　業務執行社員は、善良な管理者の注意をもって、その職務を行う義務を負う（会社法593条1項）。業務執行社員は、法令および定款を遵守し、合同会社のため忠実にその職務を行わなければならない（同条2項）。この善管注意義務および忠実義務に係る規定は、強行規定であり、定款をもってしても排除することはできない。

　善管注意義務と忠実義務についてなぜ定款で別段の定めが可能である旨が規定されていないかについては、立法担当者の解説では次のとおり説明されている。仮に「善管注意義務を負わない」旨を定款に定めたとしても、その意味は結局、自己の行為によって生じた損害賠償責任を負わないという効果を持つに過ぎない。業務執行社員が善管注意義務を欠くことによって会社に損害が発生した場合、その責任を賠償する義務を一義的には負うことになるが、その損害賠償責任を免除することは可能であり、そのような定款の定めも可能である。株式会社の役員等の任務懈怠責任のように、その免除の方法についての制限もないため、事前・事後を問わず、定款で自由に定めることができる[33]。したがって、あえて責任の発生根拠となる善管注意義務・忠実義務について、定款で別段の定めができることを規定する必要がないということになる。

② 業務執行社員の報告義務

　業務執行社員は、合同会社または他の社員の請求があるときは、いつでもその職務の執行の状況を報告し、その職務が終了した後は、遅滞な

33　相澤哲編著「立案担当者による　新・会社法の解説」別冊商事法務No.295、P160。

くその経過および結果を報告しなければならない（会社法593条3項）。非業務執行社員の権利を保護する観点から設けられている規定であるが、この規定以外にも、業務および財産の状況の調査権（会社法592条1項）、計算書類の閲覧請求権（会社法618条1項）が保障されている。

なお、この報告義務について定款で別段の定めをすることができる（会社法293条5項）。したがって、業務執行社員の職務執行の状況の報告およびその終了後の経過・結果の報告の請求権については、定款で一部制限するか、または、一切認めないとする定めも可能である。

③　民法規定の準用（受寄物引渡義務等）

民法646条から650条までの規定は、業務執行社員と合同会社との関係について準用する（会社法593条4項）。民法の規定の準用であるが、準用されている規定は次のとおりである。

民法の規定の準用

民法 646 条	受寄物引渡義務	業務執行社員は、その職務を処理するに当たり、受け取った金銭その他の物を合同会社に引き渡さなければならない。その収受した果実についても、同様である。
民法 647 条	金銭消費貸借の責任	業務執行社員は、合同会社に引き渡すべき金額またはその利益のために用いるべき金額を、自己のために消費したときは、その消費した以後の利息を支払わなければならない。この場合、なお損害があるときはその賠償責任を負う。
民法 648 条	報酬請求権等	①　業務執行社員は、特約がなければ、合同会社に対して報酬を請求することができない。 ②　業務執行社員は、報酬を受ける場合には、委任事務を履行した後でなければ、

		これを請求することができない。ただし、期間によって報酬を定めたときは民法624条2項（雇用報酬の支払時期）の規定を準用する。
		③ その職務が業務執行社員の責めに帰することができない事由によって履行の中途で終了したときは、業務執行社員は、既にした履行の割合に応じて報酬を請求することができる。
民法649条	費用前払請求権	業務執行社員がその職務を行うのに費用を要するときは、合同会社は、業務執行社員の請求により、その前払をしなければならない。
民法650条	費用の償還請求権等	① 業務執行社員がその職務を行うのに必要と認められる費用を支出したときは、合同会社に対し、その費用および支出の日以後におけるその利息の償還を請求することができる。
		② 業務執行社員がその職務を行うのに必要と認められる債務を負担したときは、合同会社に対し、自己に代わってその弁済をすることを請求することができ、この場合、その業務執行社員は、債務が弁済期にないときは、合同会社に対し、相当の担保を供させることができる。
		③ 業務執行社員がその職務を行うため自己に過失なく損害を受けたときは、合同会社に対し、その賠償を請求することができる。

　なお、これらの民法の準用規定について定款で別段の定めをすることができる(会社法593条5項)。これらの規定についても、一部制限するか、または、一切認めないとする定めも可能である。

（2）競業の禁止

① 競業取引に係る承認

業務執行社員は、その社員以外の社員の全員の承認を受けなければ、次に掲げる行為をすることはできない。ただし、定款に別段の定めをすることはできる（会社法594条1項）。

社員全員の承認が必要な競業取引

① 自己または第三者のために合同会社の事業の部類に属する取引をすること
② 合同会社の事業と同種の事業を目的とする会社の取締役、執行役または業務を執行する社員となること

業務執行社員は、合同会社の事業の秘密に通じていると考えられるから、その立場を利用して会社を犠牲にして自己または第三者の利益を追求することを防止するための規定である。競業取引に係る規制である。

なお、競業取引の承認については、事前承認が必要であると解されている。

② 同種の事業とは

「合同会社の事業と同種の事業」とは、合同会社の目的たる事業のうち、実際に行われている事業と市場において競合し、合同会社と業務執行社員との間で利害が衝突する事業である。事業目的が同じであっても、市場が競合しない場合は、同種の事業とはいえない。実際に行われている事業に関連する補助行為、例えば預金、銀行からの資金の借入等は、社員による競合が問題となる合同会社の事業には含まれない。

③　取引の有効性と損害賠償責任

　本規定に違反して競業取引を行った場合でも、取引は有効に成立する。ただし、本規定に違反することによって合同会社に損害が生じたときは、競業を行った業務執行社員は、損害賠償義務を負う（会社法596条）。

　また、業務執行社員が1項の規定に違反して①に掲げる行為をしたときは、その行為によってその業務執行社員または第三者が得た利益の額は、合同会社に生じた損害の額と推定するとされている（会社法594条2項）。損害額を証明することは困難であるため、この推定規定により、損害賠償責任を追及する合同会社の証明に係る負担を軽減するという趣旨である。

④　解任事由等

　本規定に違反して競業した場合は、他の社員の一致により、その業務執行社員を解任することができる（会社法591条5項）。すなわち、すでに説明した業務執行社員の解任に係る正当な事由となる。

　また、業務執行社員が本規定に違反した場合、合同会社は、その社員以外の社員の過半数の決議により、その社員の除名、または業務執行権または代表権の消滅を請求することができる（会社法859条2項、860条1項）。

(3) 利益相反取引の制限

①　利益相反取引に係る承認

　業務執行社員は、次に掲げる場合には、その取引についてその社員以外の社員の過半数の承認を受けなければならない。ただし、定款に別段の定めをすることはできる（会社法595条1項）。

社員の過半数の承認が必要な利益相反取引

① 業務執行社員が自己または第三者のために合同会社と取引をしようとするとき

② 合同会社が業務執行社員の債務を保証することその他社員でない者との間において合同会社とその社員との利益が相反する取引をしようとするとき

　業務執行社員が、自己または第三者のために合同会社と取引する場合に、会社を犠牲にして自己または第三者の利益を図ることを防止するための規定である。①が直接取引、②が間接取引である。

② 承認の手続

　業務執行社員が競業する場合には他の社員全員の承認が必要とされ、業務執行社員が利益相反取引をする場合には他の社員の過半数の承認が必要であると規定されており、株式会社のように両者が共通の要件とされている規定ぶりと異なっている。しかし、もちろん定款でそれぞれについて異なった取扱いとすることができる。

③ 承認の対象となる取引

　合同会社と業務執行社員個人との間の直接取引（業務執行社員の財産を合同会社に売却、合同会社の財産を業務執行社員が購入する等）だけでなく、業務執行社員が他の会社を代理または代表して行う取引も対象である。合同会社の利益を犠牲にして第三者の利益を図る可能性があるからである。このような業務執行社員が自己または第三者のために合同会社と行う取引を「直接取引」という。

　一方、合同会社が第三者との間で行う取引で、業務執行社員が利益を得て、合同会社が不利益を被る危険性が認められる取引も対象である。

利益相反取引の分類

直接取引
- 自己のため……… 業務執行社員と合同会社との取引
  にする取引
- 第三者のため…… 業務執行社員が第三者を代理または代表して合同
  にする取引　　　会社とする取引の取引※

間接取引
- 自己のため……… 業務執行社員が間接的に合同会社から利益を受け
  にする取引　　　る、合同会社と第三者との取引
- 第三者のため…… 業務執行社員が第三者を代理または代表して間接
  にする取引　　　的に合同会社から利益を受ける、合同会社と他の
  　　　　　　　　第三者との取引※

※　業務執行社員が代理または代表する第三者と、合同会社と取引する第三者は別人または別会社である。

このような合同会社と第三者との間で行われる取引で、合同会社と業務執行社員との間で利益相反となる取引を「間接取引」という。

　なお、業務執行社員がその合同会社の持分をすべて持っている場合は、その業務執行社員と合同会社との間に利益相反関係がないため、本規定の適用はないと考えられる。同様に、業務執行社員が第三者を代理または代表して合同会社と行う取引についても、その合同会社と第三者が完全親子会社関係にあるときも、利益相反関係がないため、本規定の適用はないと考えられる。

④　本規定違反の場合の取引の効力

　合同会社の承認なく行われた利益相反取引は無効となるが、第三者との関係においては、合同会社がその者の悪意（その第三者が利益相反取引について所定の承認がないことを知っていること）を証明できない限り、有効となる。いわゆる相対的無効説が判例の立場であり、学説の多

数説である。

　したがって、合同会社は、その取引の相手方である業務執行社員に対して無効を直ちに主張できるが、間接取引の場合の相手方である第三者に対しては、その者の悪意を証明できない限り、無効の主張を行うことができない。

⑤　損害賠償責任

　本規定に違反する取引によって合同会社に損害が発生した場合には、利益相反取引を行った業務執行社員は会社に対して任務懈怠による損害賠償義務を負う（会社法596条）。

　ただし、直接的に除名事由および業務執行権・代表権の消滅事由とはされておらず、その点は競業取引に違反した場合の取扱いと異なっている。もっとも不正行為、重要な義務を尽くさない場合に該当するときは、合同会社は、他の社員の過半数の決議によって、訴えにより除名および業務執行権・代表権の消滅を請求することは可能であると解される[34]。

(4) 業務執行社員の合同会社に対する損害賠償責任

　業務執行社員は、その任務を怠ったときは、合同会社に対し、連帯して、これによって生じた損害を賠償する責任を負う（会社法596条）。

　業務執行社員が合同会社に対して損害賠償責任を負うのは、競業の禁止違反（会社法594条）、利益相反取引の制限違反（会社法595条）を含む善管注意義務違反および忠実義務違反が問題となる場合である。

　業務執行社員の合同会社に対する損害賠償責任については、株式会社の役員等の任務懈怠責任の場合と異なり、その免除の方法について特別の制

34　「会社法コンメンタール14」商事法務、P170（北村雅史）。

限が置かれていない。定款で、善管注意義務違反および忠実義務違反による合同会社に対する損害賠償責任を自由に免除することができる。事前の免除または事後の免除を問わず、免除の方法や条件についても定款で定めることができる[35]。

(5) 業務を執行する有限責任社員の第三者に対する損害賠償責任

業務を執行する有限責任社員が、その職務を行うについて悪意または重大な過失があったときは、その有限責任社員は、連帯して、これによって第三者に生じた損害を賠償する責任を負う（会社法597条）。

本規定は、株式会社の役員が、その職務を行うについて悪意または重過失があり、第三者に損害が生じた場合、その役員が第三者に対して損害賠償責任を負うとする会社法429条1項と同趣旨の規定である[36]。

有限責任社員は、出資の価額を限度とした有限責任を負うにとどまる。そのため、有限責任社員は、自己の責任が限定されているために、会社財産が不足している状況であっても、より慎重に事業を実施したり、早期に倒産手続に移行するということに対するインセンティブがないことが考えられる。そこで、業務を執行する有限責任社員について、株式会社の取締役と同様の第三者責任を課すことによって、当該業務執行社員が会社の債務につき有限責任であることによる弊害を防止しようとしたものである[37]。

合同会社の業務執行社員は、全員が有限責任であるため、この規定により第三者責任を負うことになる。ただし、株式会社における取締役会設置会社の取締役は他の取締役の職務執行の適正性を確保するための義務（監視義務）まで負うのに対して、合同会社の社員はそのような監視義務まで

---

35 相澤哲編著「立案担当者による　新・会社法の解説」別冊商事法務No.295、P160。
36 宍戸善一「持分会社」、ジュリストNo.1295、P113。
37 相澤哲編著「立案担当者による　新・会社法の解説」別冊商事法務No.295、P160。

負うわけでないため、「その職務を行うについて悪意または重大な過失があったときは」のその職務の範囲については、より限定的と考えられる。

(6) 法人が業務執行社員である場合の特則

① 法人が業務執行社員である場合の職務執行者の選任

法人が業務執行社員である場合には、その法人は、業務執行社員の職務を行うべき者（個人）を選任し、その者の氏名および住所を他の社員に通知しなければならない（会社法598条1項）。会社法593条から597条までの規定は、法人に選任された社員の職務を行うべき者について準用する（同条2項）。

合同会社の社員が法人である場合、その法人は職務を行うべき個人を選任する必要がある。職務執行者は、社員である必要はなく、その社員である法人の役員または従業員が選任される場合も多いが、その法人の役員または従業員以外の者を選任することも可能であり、顧問弁護士等を選任する例もみられる。職務執行者を複数人選任することも可能である。法人である社員とその職務執行者の関係は、法人の純然たる内部関係であり、契約関係も委任契約、雇用契約等一様ではない[38]。

また、社員となる法人の種類にも限定は置かれておらず、会社以外の法人（中間法人等）も、社員となることができる。ただし、合同会社の目的の範囲内の行為に限定されるため、例えば金融機関のように行うことのできる行為の範囲が法律上限定されている法人については、別途、業務執行社員になることが禁じられている。

会社法593条から597条までの規定が職務執行者に準用されるため、職務執行者の地位は、個人が業務執行社員となる場合と同様である。職務

---

38 森本滋「合同会社の法と実務」商事法務、P43。

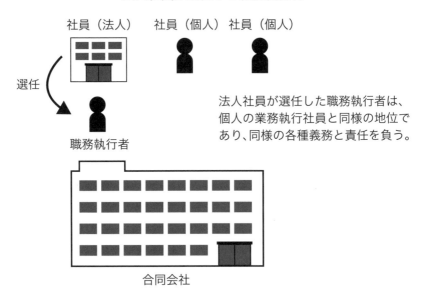

執行者は、業務執行社員としての各種義務および責任を負うことになる。

　また、法人が代表社員である場合は、その法人の選任した職務執行者の氏名および住所が登記事項となる（会社法914条8号）。

　これは、法人が業務を執行するといっても、その具体的な行為は、その職務執行者を通じて行われることとなるから、業務執行社員に係る会社法上の義務を、当該法人に負わせるにとどまらず、その具体的な行為を行う職務執行者にも課さなければ、規制の実効性がなくなるおそれがあるからであると説明されている[39]。

② 職務執行者に義務違反等があった場合の対応

　職務執行者に一定の義務違反等があった場合でも、業務執行社員に対

39　相澤哲編著「立案担当者による　新・会社法の解説」別冊商事法務No.295、P159。

する訴えによる業務執行権または代表権の消滅の請求という規定は置かれていない。そのような場合は、職務執行者を選任した法人に対して、その変更を請求するか、または、その法人を業務執行社員から除外するための手続をとることになる。業務執行社員である法人に対して、業務執行権の消滅の訴えを提起することは可能である[40]。

（7）業務執行社員の報酬

合同会社とその社員との関係は、委任の関係にある（会社法651条1項）。委任は無報酬が原則であるが、合同会社の業務執行社員については、民法648条が準用されているため（会社法593条4項）、特約があれば、報酬請求権が発生する。通常は、定款に業務執行社員の報酬について別段の定めを入れて対応することになると考えられる。

個人の業務執行社員である場合は、業務執行の対価を報酬という形で支払うか、出資割合と異なる損益分配割合を定めて利益配当として支払うか、いずれも可能であると解されるが、通常は報酬として支払うと考えられる。その場合は、利益相反取引に該当するため、他の社員の過半数の同意で決めることになる。

また、法人が社員となるときは、その法人社員は個人の職務執行者を選任し、その者の氏名および住所を他の社員に通知しなければならないとされている（会社法598条1項）。その場合の法人社員が選任した職務執行者の報酬をどのように定めるかであるが、①合同会社が法人社員に報酬を支払ったうえで、その法人社員が職務施行者に報酬を支給する方法、②合同会社が直接職務執行者に報酬を支払う方法、以上のいずれも認められると考えられる[41]。合同会社が支払う給与は、利益相反取引に該当するため、こ

---

40 「会社法コンメンタール14」商事法務、P175（尾関幸美）。
41 「座談会　合同会社の実態と課題（下）」商事法務No.1945、P28（大杉謙一）。

れについても他の社員の過半数により決定することになる（会社法595条
1項）。

　なお、ここで合同会社が支払う給与は、相手が法人社員であれ、法人社員の職務執行者であれ、あるいは、先に説明した個人の業務執行社員に対して支払う場合も、税法上は役員給与に該当するため、定期同額給与、事前確定届出給与または業績連動給与（レアケース）のいずれかの要件を満たさないと、損金不算入になると考えられる。この点については、「第4章合同会社の税務」の「II 合同会社の社員に係る税務」を参照されたい。

(8) 合同会社の代表

① 合同会社の代表

　合同会社のすべての社員は、定款に別段の定めをする場合を除いて、業務執行権を有する。ただし、定款の別段の定めにより、社員の一部を業務執行社員とすることはできる（会社法590条1項）。

　業務執行社員は、各自が合同会社を代表する（会社法599条1項本文）。会社代表は、対外的な業務執行であるから、業務執行権のない代表権はあり得ないことになる。すなわち、非業務執行社員が代表社員になることはできない。

　原則として、業務執行社員が代表社員となる。業務執行社員が2人以上のときは、各自が代表社員となるのが原則である（同条2項）。ただし、他に合同会社を代表する社員その他合同会社を代表する者を定めることができ（同条1項ただし書）、定款または定款の定めに基づく社員の互選によって、業務執行社員の中から合同会社を代表する社員を定めることができる（同条3項）。

代表社員の選任に関する定款の定めと業務執行社員との関係

代表社員の選任に係る定款に別段の定めがない場合	業務執行社員＝代表社員
代表社員の選任に係る定款に別段の定めがある場合	代表社員＜業務執行社員 ただし、業務執行社員＝代表社員と定款に定めることも可

　会社法599条１項ただし書および３項の規定により、定款または定款の定めに基づく社員の互選により、特定の社員に代表権を付与することが認められることになるが、その場合は代表権を付与された代表社員以外の社員の代表権は無くなる。代表者の決定は、定款の定めによることになるから、原則として、総社員の同意が必要となる（会社法637条）。しかし、定款の定めに基づく社員の互選による場合は、業務執行社員による互選であると解される[42]。

　業務執行社員が２人以上ある場合には、業務執行社員は、各自、合同会社を代表する（会社法599条２項）。この場合に、代表権の行使は共同して行う必要はなく、各自が単独代表することになる。取締役について共同代表取締役制度が廃止されているように、共同代表制度は設けられていない。

　代表社員の氏名または名称および住所は、登記事項とされている（会社法914条７号）。

② 代表社員の権限

　合同会社を代表する社員は、合同会社の業務に関する一切の裁判上または裁判外の行為をする権限を有する（会社法599条４項）。裁判上の行

42　松井信憲「商業登記ハンドブック（第３版）」商事法務、P612。

代表社員に係るいくつかのパターン

● すべての社員が、業務執行社員かつ代表社員である場合

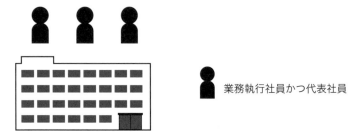

（注）1人社員で、その者が業務執行社員かつ代表社員となることも可

● 一部の社員が業務執行社員かつ代表社員である場合

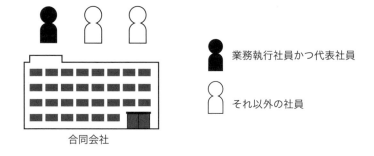

● 業務執行社員の中から代表社員を定めた場合

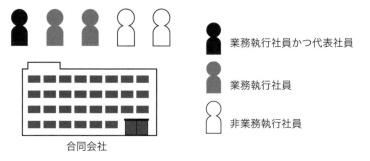

為とは、会社の訴訟代理人として行う訴訟行為である。他の者を訴訟代理人として、訴訟行為を行わせることもできる。

代表社員の権限は、合同会社の業務全般に及ぶ包括的な権限である。合同会社の業務執行は、代表権のある社員によらなければ会社に効果が帰属しないため、代表権は会社の対外的な業務全般に及ぶものとされている。

また、合同会社はその権限の範囲を制限することができるが、その権限に加えた制限は、善意の第三者には対抗することができない（同条5項）。善意の第三者を保護する趣旨である。定款の定めをもって合同会社内部における制限は可能であると解されるため、例えば一定金額以上の取引については総社員の同意が必要というように定款の定めで制限をかけておくことは可能である。ただし、代表権に加えた制限は登記事項ではなく、合同会社内部における制限でしかないため、善意の第三者に対抗できない。

(9) 合同会社を代表する社員等の行為についての損害賠償責任

合同会社は、合同会社を代表する社員その他の代表者がその職務を行うについて第三者に加えた損害を賠償する責任を負う（会社法600条）。

合同会社の代表社員がその職務に際して第三者に対して行った不法行為については、合同会社に損害賠償責任が生じると明文化されている。その場合は、代表社員も個人として不法行為責任を負うことになる[43]。

(10) 合同会社と社員との間の訴えにおける会社の代表

合同会社が社員に対し、または社員が合同会社に対して訴えを提起する

43　上柳克郎ほか編著「新版注釈会社法（1）」有斐閣、P269（菅原菊志）。最判昭和49年2月28日・判時No.735、P97。

場合において、その訴えについて合同会社を代表する者（その社員を除く）が存しないときは、その社員以外の社員の過半数をもって、その訴えについて合同会社を代表する者を定めることができる（会社法601条）。

　合同会社が訴訟の当事者となる場合に、その訴訟において会社を代表する者は代表権を持つ者であるとされている。そのため、合同会社とその社員との間の訴訟において、その訴訟の当事者である社員が合同会社のただ1人の代表社員であるときは、その訴訟において合同会社を代表する社員が存在しないことになる。そのようなケースでも責任追及が可能となるようにという趣旨で置かれている規定である。

　なお、本規定は、その訴訟限りで、臨時の代表機関を定める趣旨であることから、その代表者は必ずしもその会社の社員でなくてもよいと解されている[44]。

　また、社員が合同会社に対して社員の責任を追及する訴えの提起を請求した場合において、合同会社がその請求の日から60日以内に訴えを提起し

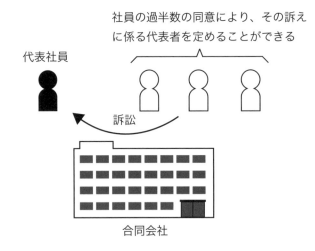

44　大隅健一郎・今井宏「会社法論　上（第3版）」有斐閣、P107からP108。

ないときは、その請求をした社員は、その訴えについて合同会社を代表することができる。ただし、その訴えがその社員もしくは第三者の不正な利益を図り、またはその合同会社に損害を加えることを目的とする場合は、代表することはできない（会社法602条）。したがって、代表権を持たない社員であっても、上記の要件を満たす社員は、訴訟において合同会社を代表することができることになる。

先の会社法601条は、社員の過半数の同意がなければ代表社員の責任追及ができないことになるが、会社法602条によれば過半数の同意がなくても、責任追及する途が残されていることを意味している。

なお、株式会社における株主代表訴訟制度に一見類似しているが、本取扱いにおいては、訴訟の原告は合同会社であり、その訴訟遂行に係る代表権を社員が行使する仕組みである点で異なる。また、合同会社における社員の責任は、公序良俗に反しない限り、定款自治に基づき減免できるため、訴訟の継続中に、請求権自体がなくなることもあり得る[45]。

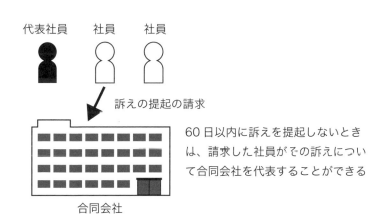

---

45 「会社法コンメンタール14」商事法務、P184（尾関幸美）。

70 第2章 合同会社の法務

Ⅳ 社員の加入および退社

1. 社員の加入

(1) 社員の加入

　持分会社は、新たに社員を加入させることができるとされ（会社法604条1項）、社員の加入は、その社員に係る定款の変更をした時に、その効力を生ずる（同条2項）。しかし、合同会社の場合は、定款の変更だけでは加入の効力は発生しない。出資の履行も完了していなければ、加入の効力は発生しない（同条3項）。合名会社および合資会社と異なり、合同会社については全額払込主義が採用されており、定款の変更および出資全額の履行の両方が完了しない限り、社員の加入はその効力を生じないことになる。

　新たな社員が加入するときに、定款変更を伴うため、定款変更の方法について別段の定めがない限り、社員全員の同意が必要ということになる（会社法637条）。

　なお、定款変更において新たに記載を要する事項は、会社法576条1項4号から6号までの事項である。すなわち、新たに加入する社員の氏名または名称および住所、その社員が有限責任である旨、その社員が出資する金銭の価額である。

　加入した社員が業務執行社員となる場合は、その業務執行社員に係る登記が必要である（会社法914条6号）。また、持分の譲渡ではなく、出資により社員が加入する場合は、資本金の増加が生じることが考えられ、変更後の資本金の額に係る登記が必要となる（同条5号）。

(2) 加入した社員の責任

　合同会社の成立後に加入した社員は、その加入前に生じた合同会社の債務についても、これを弁済する責任を負う（会社法605条）。旧商法82条と

同様の取扱いである。すなわち、合同会社の成立後に加入した社員は、加入後に会社が負担する債務だけでなく、加入前から会社が負担する債務についても責任を負うという意味である。

　なお、合同会社の社員は有限責任であり、会社債務に関しては、出資額を限度として有限責任を負うのは当然である。

　また、合同会社の社員が死亡した場合に持分の相続を認める旨の定款の別段の定め（会社法608条1項）をしている場合、学説では、合同会社の持分の相続人は被相続人の責任を引き継ぐのみであり、本規定の責任は生じないとする見解と本規定の責任が生じるとする見解が対立している。

2. 社員の退社

(1) 任意退社

　退社とは、合同会社の存続期間中に、特定の社員の資格が消滅することをいう。社員側からの申出による退社を任意退社というが、任意退社には、予告による任意退社（会社法606条1項）とやむを得ない事由による任意退社（同条3項）の2つがある。

　① 予告による任意退社

　　合同会社の存続期間を定款で定めなかった場合、またはある社員の終身の間合同会社が存続することを定款で定めた場合には、各社員は、事業年度の終了の時において退社をすることができる。この場合においては、各社員は、6ヵ月前までに合同会社に退社の予告をしなければならない（会社法606条1項）。

　　なお、退社した社員は、持分の払戻しを受けることができる（会社法611条1項）。

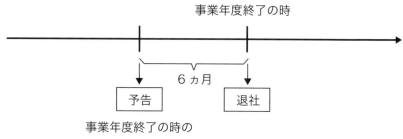

（注）合同会社の存続期間を定款で定めなかった場合、またはある社員の終身の間合同会社が存続することを定款で定めた場合に限る。

　社員の持分は、自由に譲渡できない（原則として社員全員の同意が必要である）ため、投下資本の回収手段として、6ヵ月前の予告を条件として、退社による持分の払戻しを保障している。この予告による退社については、退社の理由を問わない。6ヵ月前の予告を条件としているのは、社員の退社は合同会社にとっては重要な影響を及ぼす可能性もあり、会社にとって不意打ちとなる事態を避ける趣旨があるためである。

　1項の規定は、定款で別段の定めをすることができる（同条2項）。定款の別段の定めにより、退社の条件を容易にすることは可能であると考えられる。例えば、退社の予告を事業年度終了の時の3ヵ月前という条件に緩和することは可能である。

　一方、社員の退社を制限するような定款の定めが認められるのかどうかが論点となる。基本的には、退社の条件を厳しくするような定款の別段の定めも可能と解する見解が大勢であるが、中には合弁事業の受け皿会社として活用されているようなケースにおいて、自由な退社を認めることにより事業の継続が困難になるという問題を引き起こす可能性も考

えられる場合もある。学説は確立していないが、本条１項の規定が過酷に社員を会社に束縛し公益に反する結果になることを避ける趣旨であることからすれば、そのような危険が小さい場合にはこのような任意退社を制限する方向での定款の定めも認められるとする見解もみられる[46]。

社員の入社後一定期間は任意退社をすることができないとする定款の定めの有効性については、例えば合同会社の存続期間を10年間と定めたときは、社員は、次項で説明するやむを得ない事由が生じた場合以外には、自己の意思で退社することは認められないのであるから、会社の存続期間を定めなかった場合であっても、同様の効果を有する先の入社後一定期間の退社制限に係る定款規定を定めることは可能であると考えられる[47]。また、退社の予告期間を６ヵ月よりも伸長し、要件を加重することは可能であると解されている。

１項および２項の規定にかかわらず、各社員は、やむを得ない事由があるときは、いつでも退社することができる（同条３項）。やむを得ない事由による退社については、次項を参照されたい。

② やむを得ない事由による任意退社

予告による任意退社については、定款でその制限をすることができるとされているので（会社法606条２項）、ここでいう「やむを得ない事由」とは、社員が単に当初の意思を変更したというだけでは足りず、定款規定を定めた時や入社・設立時に前提としていた状況等が著しく変更され、もはや当初の合意どおりに社員を続けることができなくなった場合等がこれに当たると解される[48]。

---

46 「会社法コンメンタール14」商事法務、P220（小出篤）。
47 相澤哲編著「立案担当者による　新・会社法の解説」、別冊商事法務No.295、P162。
48 相澤哲編著「立案担当者による　新・会社法の解説」、別冊商事法務No.295、P162。

74　第2章　合同会社の法務

　「やむを得ない事由」がある程度制限されないと、社員が少数の合同
会社においては、退社した社員の持分の払戻しも生じるため、事業の継
続に支障をきたす事態も考えられる。これについては、合同会社の場合、
「やむを得ない事由」を限定的に解する見解がみられる。すなわち、退社
する社員側の事情だけでなく、退社によって影響を受ける会社側の事情
もみたうえで総合的に判断されるべきであるとする考え方である。特に
法人社員同士の出資による合弁会社のようなケースでは、会社経営をめ
ぐる対立が深刻で、いわゆるデッドロックが起きているような場合には、
「やむを得ない事由」に該当すると解される場合があるとする見解がみら
れる[49]。強行法規であるが、「やむを得ない事由」に該当するかどうかは
相対的に判断されるべきものと考えられる。

　なお、退社の場合の持分の払戻しについて、定款や合弁契約でその場
合の持分の評価を低く定めて、退社が生じにくくする対応については、
会社法611条2項（退社に伴う持分の払戻しの計算については、会社の
財産の状況に従ってしなければならないとする規定）との関係や税務上
の問題等から難しいという指摘もみられ[50]、結果として「やむを得ない
事由」を極力制限するという対応・運用が中心的になるように思われる。
例えば、社員の心身の故障、経済的窮迫等は、「やむを得ない事由」に当
たると解される場合が多いであろう[51]。

(2) 法定退社
　社員は、任意退社のほかに、次に掲げる事由により退社する（会社法607
条1項）。

49　座談会「合同会社等の実態と課題（上）」旬刊商事法務No.1944、P17からP18（大杉謙一）。
50　座談会「合同会社等の実態と課題（上）」旬刊商事法務No.1944、P18（新家寛）。
51　江頭憲治郎編著「合同会社のモデル定款－利用目的別8類型」商事法務、P57。

法定退社事由

① 定款で定めた事由の発生
② 総社員の同意
③ 死亡
④ 合併（合併により法人である社員が消滅する場合に限る）
⑤ 破産手続開始の決定
⑥ 解散
⑦ 後見開始の審判を受けたこと
⑧ 除名

　上記の各事由が発生した場合は、予告の有無、やむを得ない事由の有無にかかわらず、当然に退社することになる。

　なお、定款で、その社員が⑤から⑦までに掲げる事由の全部または一部によっては退社しない旨を定めることができる（同条2項）。

① 定款で定めた事由の発生

　定款で退社事由を定めた場合は、当該社員は、その事由の発生により当然に退社する。定款自治の原則により、強行法規および公序良俗に反しない退社事由であれば、社員の合意により定款に定めることが認められている。例えば社員の一定割合の同意があったこと、特定の社員の同意があったこと、定年に達したこと、保佐開始の審判を受けたことなどが考えられる[52]。

② 総社員の同意

　すべての社員の同意があった場合は、当該社員は当然に退社すること

---

52 「会社法コンメンタール14」商事法務、P234（小出篤）。

76　第2章　合同会社の法務

になる。ただし、すでに説明したように、定款をもって社員の一定割合
の同意により退社する旨を定めることはできる。その場合の退社は、上
記の①の事由による退社ということになる。

　なお、清算合同会社（清算中の合同会社）については、社員全員の同
意があったとしても、退社しない（会社法674条2号）。

③　死亡

　死亡した社員は、当然に退社する。したがって、相続人は社員になら
ない。合同会社は、社員相互の信頼関係を基礎にしているため、社員の
死亡に伴って、社員の地位が相続人に承継されないという点が明確にさ
れている。合同会社の社員が1人のみである場合は、その社員の死亡が
法定退社事由とされている。その点は、次項の合同会社の社員が1社の
みである場合の合併（合併により法人である社員が消滅する場合に限る）
も同様である。(会社法607条1項3号、4号)。

　また、死亡した社員の地位は相続人に承継されないが、死亡した社員
の退社した社員としての権利義務は承継されるため、例えば死亡した社
員の持分の払戻請求権などの権利および負担すべき会社の債務について
の責任は承継すると考えられる。

　なお、会社法608条1項で、社員が死亡した場合、相続人がその社員
の持分を承継する旨を定款で定めることができると規定されている。定
款の定めがあれば、社員の地位が相続人に承継されることになる。相続
人は、定款の定めにより持分を承継した時に、当該持分を有する社員と
なる（会社法608条2項）。

④　合併（合併により法人である社員が消滅する場合に限る）

　合併によって法人社員が消滅する場合は、その法人社員は当然に退社

する。

　合併は、本来包括承継であり、消滅会社のすべての権利・義務が存続会社に包括的に承継されるとされている。しかし、合同会社の社員としての地位は、承継されないという点が明文化されている。合同会社は、社員相互の信頼関係を基礎にしているため、原則として、消滅会社における法人社員の地位が存続会社に承継されないという点が明確にされているわけであり、先の③と趣旨は同じである。

　したがって、社員の持分の払戻請求権などの権利および負担すべき会社の債務についての責任は承継するという点、定款で定めれば消滅会社の社員としての地位を存続会社に承継することが可能である点（会社法608条1項）も、先の③と同様である。

　なお、清算合同会社の場合は、定款の定めがなくても、合併により消滅する会社の持分は存続会社に承継される（会社法675条）。

⑤　破産手続開始の決定

　社員が法人の場合でも個人の場合でも、その社員の破産手続開始の決定により、当然に退社する。

　破産手続開始の決定があった場合であっても、定款をもって退社しない旨を定めることができるとされている（会社法607条2項）。そのような定款の定めがある場合は、破産した社員の債権者に対する弁済のために持分の換価が必要になるが、退社に伴う持分の払戻しはないため、仕意退社（会社法606条）、総社員の同意による退社（会社法607条1項2号）または持分の譲渡（会社法585条）のいずれかの方法によって持分の換価を行うことになると考えられる[53]。

53　「会社法コンメンタール14」商事法務、P234（小出篤）。

なお、清算合同会社の場合、社員に破産手続開始の決定があっても、退社しないとされている（会社法674条2号）。

⑥　解散

合併による解散と破産手続開始の決定による解散は、別個に規定されているため、ここでいう解散は、それら以外の事由による解散である。

この場合も、定款をもって退社しない旨を定めることができるとされているが（会社法607条2項）、そのような定款の定めがある場合は、退社に伴う持分の払戻しはないため、任意退社（会社法606条）、総社員の同意による退社（会社法607条1項2号）または持分の譲渡（会社法585条）のいずれかの方法によって持分の換価を行うことになると考えられる。法人社員の清算における残余財産の分配の方法として、合同会社の持分を現物分配する選択肢もあるという指摘がみられる[54]。

なお、清算合同会社の場合、社員が解散しても、退社しないとされている（会社法674条2号）。

⑦　後見開始の審判を受けたこと

社員が後見開始の審判を受けた場合、その社員は当然に退社する。後見開始の審判を受けた場合であっても、定款をもって退社しない旨を定めることができるとされている（会社法607条2項）。

なお、清算合同会社の場合、社員が後見開始の審判を受けても、退社しないとされている（会社法674条2号）。

54　「会社法コンメンタール14」商事法務、P235（小出篤）。

⑧　除名

　除名とは、社員の資格を奪うことであり、合同会社の社員の除名の訴えにより除名判決が確定すると、その社員は当然に退社する。

　除名事由は、①出資の義務不履行（合同会社の場合は全額払込主義のため、この事由はない）、②競業禁止違反、③業務執行にあたっての不正行為等、④合同会社を代表するにあたっての不正行為等、⑤重要な義務を尽くさないことが規定されており、その対象社員以外の社員の過半数の決議に基づき、訴えをもって対象社員の除名を請求することができる（会社法859条）。

（3）相続および合併の場合の特則

　合同会社は、その社員が死亡した場合または合併により消滅した場合におけるその社員の相続人その他の一般承継人が、その社員の持分を承継する旨を定款で定めることができる（会社法608条1項）。そのような定款の定めがある場合は、相続人その他の一般承継人（社員以外のものに限る）は、持分を承継した時に、その持分を有する社員となる（同条2項）。その一般承継人に関する定款の規定もそのときに変更したものとみなされるので（同条3項）、社員の加入に係る定款変更手続は必要ない。なお、社員となることを望まない相続人が、相続の放棄により社員の地位を承継しないことは可能である。

　上記の定款の定めをしなかった場合には、死亡した社員または合併により消滅した社員は法定退社事由により退社するため、持分の払戻しをすることになる。定款によって、（相続人や存続会社等の）一般承継人が社員の地位を承継することができる旨が明確化されているが、持分や社員としての地位が承継されるのであって、業務執行社員または代表社員としての資格は、承継されない。ただし、社員の全員を業務執行社員とする定款の定

めがされている場合は、社員の地位を承継した者は業務執行社員となる。

　なお、定款の定め方であるが、定款自治の原則により、柔軟に定めることができると解される。例えば、①相続人が希望する場合に持分を承継する、②他の社員が同意をした場合に相続人が持分を承継する、③相続人は（他の社員の同意や相続人の意思表示がなくても）当然に持分を承継するなど、いずれも可能であると考えられる[55]。

(4) 持分の差押債権者による退社

　社員の持分を差し押さえた債権者は、事業年度の終了時においてその社員を退社させることができる。この場合において、当該債権者は、6ヵ月前までに合同会社およびその社員にその予告をしなければならない（会社法609条1項）。社員の持分の差押は、その社員の持分払戻請求権にも効力が及ぶ（会社法611条7号）。社員を強制的に退社させ、その退社に伴う持分払戻請求権に対しての取立てができるため、債権者は差し押さえた持分自体の換価により債権の回収を行いやすくなっている。社員の債権者は、本規定に基づく強制退社請求権を行使した場合に、会社財産を責任財産として引当てにできるという意味になる。

　上記の予告は、その社員が差押債権者に対し、弁済し、または相当の担保を提供したときは、その効力を失う（同条2項）。

　予告をした差押債権者は、裁判所に対し、持分の払戻しの請求権の保全に関し必要な処分をすることを申し立てることができる（同条3項）。債権者が退社予告した後に、その社員と会社が通謀してその社員の持分の減少を行う等の手段をとるおそれがあることから、このような持分の払戻しの

55　上柳克郎ほか編集代表「新版注釈会社法（1）」有斐閣、P313（古瀬村邦夫）。
56　服部榮三編「基本法コンメンタール会社法（1）（第7版）」(別冊法学セミナー No.170) 日本評論社、P69（小山賢一）。

請求権の保全に関し必要な処分（会社の財産に対する仮差押え・仮処分）を請求できると規定されている[56]。

この差押債権者の退社予告は、債権者の一方的意思表示によって行われ、他の社員の同意も必要ない。退社予告が行われたときは、予告後の事業年度の終了の時に当然に退社する。ただし、その社員が弁済または担保提供をしたときは、無効となる。

なお、例えば会社法606条2項に基づき、定款の定めにより10年間任意退社ができないとされている場合であっても、持分の差押債権者は、本規定により、その社員を退社させることができる[57]。

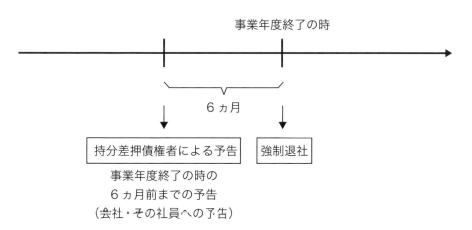

強制退社（退社の予告が必要）

(5) 退社に伴う定款のみなし変更

社員が退社した場合には、合同会社は、その社員が退社した時に、その社員に係る定款の定めを廃止する定款の変更をしたものとみなす（会社法610条）。

---

57 相澤哲編著「立案担当者による 新・会社法の解説」、別冊商事法務No.295、P162。

82　第2章　合同会社の法務

　社員が退社した場合、本来であれば定款の変更が必要である。しかし、退社と同時に定款の変更手続が可能とは限らない。そこで、本規定によりその社員に係る定款の定めを廃止する定款の変更をしたものとみなす取扱いが定められている。社員の地位が定款規定の内容で定められることになる合同会社においては、退社に伴い、定款規定の実質が変更されることになるが、入社等の場合と異なり、定款変更手続を常にとることができるわけではないことに鑑みたものであると説明されている[58]。

　なお、合同会社の場合、社員の氏名または名称および住所は登記事項ではないため、退社に係る変更登記は不要である。

(6) 退社に伴う持分の払戻し

① 退社に伴う持分の払戻し

　退社した社員は、その出資の種類を問わず、その持分の払戻しを受けることができる（会社法611条1項）。また、退社した社員の持分は、その出資の種類を問わず、金銭で払い戻すことができる(同条3項)。ただし、会社法608条1項および2項の規定により当該社員の一般承継人が社員となった場合（相続または合併により社員の地位を承継した場合）は、その承継人に払戻請求権はない。

　社員の退社により、払い戻される持分は、持分に相当する財産である。持分に相当する財産は、その社員が過去に履行した出資とその社員に帰属している損益である。持分の払戻しにより、その社員の出資に対応する部分と利益に対応する部分の資本金、資本剰余金および利益剰余金が減少することになる（会社計算規則30条2項1号、31条2項1号、32条2項1号）。退社する社員が積極持分（プラスの持分）を有するときは払

58　相澤哲編著「立案担当者による　新・会社法の解説」、別冊商事法務No.295、P163。

戻しを受けることができるが、消極持分（マイナスの持分）を有するときは、合同会社の社員は有限責任社員であるため、退社に際して出資額を超えて会社に対して支払う必要はない。

② 合同会社特有の規制

　合同会社の場合、無限責任社員が存在しないため、債権者にとって引当てとなるのは会社財産のみである。社員に対する払戻しによっては会社債権者の債権の弁済に支障が生じる可能性がある。そのため、退社に伴う社員に対する持分の払戻しについて、債権者に対する一定の配慮が必要になる。一方、退社に伴う持分の払戻しについて利益の配当等と同様の財源規制を設けると、退社する社員はその持分の払戻しを受けることができないこととなり、退社した社員の利益が害されるおそれがある。

　そこで、会社法では、退社に伴う持分の払戻しについて、払い戻す財産の価額と会社財産の状況との関係により、次のような独自の規制が設けられている（会社法635条）[59]。株式会社にはない合同会社特有の規制である点に留意する必要がある。

持分払戻額と会社財産の状況との関係	合同会社特有の取扱い
持分払戻額[60]≦剰余金額	特段の手続なしに払戻し可能（通常の利益の配当等と同様であるから）
剰余金額＜持分払戻額≦簿価純資産額	債権者保護手続を経ることにより払戻し可能（資本金の額をゼロ円までの範囲内で減少したうえで払戻しを行うことと実質同様であるから）
簿価純資産額＜持分払戻額（簿価債務超過の場合を含む）	持分払戻額が、資産等を時価評価し、自己のれんを計上した結果の純資産額以下であれば、清算に準じた債権者保護手続[61]を経ることを条件として、払戻し可能

59　相澤哲編著「立案担当者による　新・会社法の解説」、別冊商事法務No.295、P165。
60　持分の払戻しにより社員に対して交付する金銭等の帳簿価額のことを意味する（以下同様）。

84　第2章　合同会社の法務

③　業務執行社員の責任

　上記の規制により要求される手続をとらないで持分の払戻しをした場合には、その出資の払戻しに関する業務を執行した社員は、その合同会社に対し、出資の払戻しを受けた社員と連帯して、出資払戻額に相当する金銭を支払う義務を負うことになる。ただし、当該業務を執行した社員がその職務を行うについて注意を怠らなかったことを証明した場合は、責任を負わない。この義務は、免除することができないが、出資の払戻しをした日における剰余金額を限度として義務を免除することについて総社員の同意がある場合は、その額は免除される（会社法636条1項、2項）。

(7)　退社した社員の責任

　退社した社員は、その登記をする前に生じた合同会社の債務について、従前の責任の範囲内でこれを弁済する責任を負う（会社法612条1項）。

　合同会社の場合、社員の退社が会社債権者の意思とは無関係に行われ、持分払戻額が剰余金額を超える場合を除いて、弁済または担保提供等の債権者保護手続がとられない。合同会社は、社員の人的信用を基礎としていることに鑑みて、退社した社員は退社によって社員の地位を失うが、退社後その登記を行うまでに生じた合同会社の債務について、退社前の責任の範囲内で弁済する責任を負わされている[62]。

　退社した社員が、退社の事実を知って取引した会社債権者に対して責任

61　清算に準じた債権者保護手続とは、通常の債権者保護手続と次の3点が異なる。①異議申述期間は1ヵ月ではなく2ヵ月である、②公告方法のいかんを問わず、知れている債権者に対する個別催告を省略できない（会社法635条3項ただし書）、③異議を述べた債権者に対しては、「債権者を害するおそれがない」という抗弁は許されず、必ず個別の弁済、担保提供等をしなければならない（会社法635条5項ただし書）。

62　「新基本法コンメンタール　会社法3」（別冊法学セミナー No.201）日本評論社、P39（今泉邦子）。

を負うのかどうかについて、学説の多数説は、善意の会社債権者に対しての責任は免れないが、退社の事実を知って取引した悪意の会社債権者に対する責任はないとしている。

　退社した社員は、すでに社員としての地位を有していないため、退社した社員が会社債権者に対して弁済をした場合は、第三者の弁済となり、会社に対して求償権を有することになる（民法474条、500条）。したがって、各社員に対してその弁済した金額全額について求償権を行使することができる。各社員は、求償された金額について連帯して弁済する責任を負う（会社法580条）。一方、退社した社員以外の社員が会社債権者に対して弁済した場合には、退社した社員には求償することができない[63]。

　また、この退社した社員の責任は、登記後2年以内に請求または請求の予告をしない合同会社の債権者に対しては、その登記後2年を経過した時に消滅する（会社法612条2項）。要するに、退社の登記後2年以内に請求等がないと、退社した社員の責任は除斥期間の経過をもって消滅する。退社した社員を長期間不安定な状態にしないための、退社した社員保護のための規定である。

(8) 商号変更の請求

　合同会社がその商号中に退社した社員の氏もしくは氏名または名称を用いているときは、その退社した社員は、その合同会社に対し、その氏もしくは氏名または名称の使用をやめることを請求することができる（会社法613条）。

　合同会社の商号中に退社した社員の氏もしくは氏名または法人社員の名称を用いている場合でも、合同会社はその商号を継続使用することができ

63　上柳克郎ほか編著「新版注釈会社法（1）」有斐閣、P354からP355（古瀬村邦夫）。63。

る。しかし、退社した社員は、退社した社員を社員であると誤認して取引した者に対して、誤認させた責任の範囲で合同会社の債務を弁済する責任を負うため、その使用をやめることを請求することが認められている。

Ⅴ 組織変更

会社法では、株式会社から持分会社、または持分会社から株式会社への組織変更の手続が明文化されている。なお、持分会社のなかでの変更（合同会社と合名会社、合同会社と合資会社、合名会社と合資会社間の変更）は、すでに説明したように、組織変更ではなく、定款変更による持分会社の種類の変更として規定されている。

1. 合同会社から株式会社への組織変更

合同会社から株式会社への組織変更に必要な手続であるが、組織変更計画を作成し（会社法743条）、組織変更計画には法令に定める一定の事項を記載するが（会社法746条１項）、記載事項の１つである効力発生日の前日までに、組織変更計画に係る社員全員の同意をとる必要がある。ただし、定款に別段の定めをすることはできる（会社法781条１項）。

合同会社から株式会社に組織変更を行う場合においても、債権者保護手続が必要である点に留意が必要である（会社法781条２項、779条）。債権者保護手続の内容としては、官報による公告および催告であり、資本金の減少や組織再編行為において行う手続と実質同様の内容である。①組織変更をする旨、②債権者が１ヵ月を下回らない一定の期間内に異議を述べることができる旨を官報に公告し、かつ、知れている債権者に個別に催告をする必要がある。官報による公告のほかに、日刊新聞紙に掲載する方法または電子公告の方法により公告を行うときは、催告を省略することができる（会社法781条２項、779条３項）。

合同会社は、組織変更計画に定めた効力発生日に株式会社になる（会社法747条１項）。本店所在地においては効力発生日から２週間以内、支店所在地においては効力発生日から3週間以内に、組織変更前の合同会社につい

ての解散の登記、および組織変更後の株式会社についての設立の登記を行う必要がある（会社法920条、932条）。

　ベンチャー企業をいったん合同会社の形態で設立し、会社の規模が大きくなった段階で株式会社に組織変更するという選択肢も可能である。

　なお、株式会社と合同会社との間の組織変更は、一定の手続のもとで自由にできるが、合同会社から特例有限会社に組織変更することはできず、逆に特例有限会社から合同会社に組織変更することはできるとされている。

【合同会社から株式会社への組織変更手続】

組織変更計画の作成	記載事項については、会社法746条に規定

組織変更計画についての総社員の同意	組織変更計画に記載された効力発生日の前日までに行う

債権者保護手続（官報公告および催告）	異議申述期間内に債権者が異議を述べたときは、個別に弁済・担保提供・信託のいずれかを行う（会社法781条2項、779条）

組織変更の登記	本店所在地においては効力発生日から2週間以内 支店所在地においては効力発生日から3週間以内

2. 株式会社から合同会社への組織変更

株式会社から合同会社への組織変更に必要な手続であるが、組織変更計画を作成し（会社法743条）、組織変更計画には法令に定める一定の事項を記載するが、記載事項の1つである効力発生日の前日までに、組織変更計画に係る株主全員の同意をとる必要がある（会社法776条1項）。合同会社から株式会社への組織変更と異なり、定款をもってしても、別段の定めをすることはできない点に留意する必要がある。実務上は、完全子会社である株式会社を合同会社に組織変更することも少なくなく、その場合に総株主の同意を得ることは容易である。

株式会社から合同会社に組織変更する場合は、債権者保護手続が必要である（会社法779条）。債権者保護手続の内容としては、官報による公告および催告であり、①組織変更をする旨、②組織変更をする株式会社の計算書類に関する事項として会社法施行規則181条に定めるもの（決算公告の掲載場所）、③債権者が1ヵ月を下回らない一定の期間内に異議を述べることができる旨を官報に公告し、かつ、知れている債権者に個別に催告をする必要がある。官報による公告のほかに、日刊新聞紙に掲載する方法または電子公告の方法により公告を行うときは、催告を省略することができる（会社法779条）。

株式会社から合同会社への組織変更の場合、組織変更をする株式会社は、組織変更計画備置開始日から組織変更の効力発生日までの間、組織変更計画の内容等を記載した書面等を本店に備え置かなければならないとされている（会社法775条1項）。組織変更計画備置開始日とは、①組織変更計画について組織変更をする株式会社の総株主の同意を得た日、②組織変更をする株式会社が新株予約権を発行しているときは、新株予約権の買取請求に係る通知の日または公告の日のいずれか早い日、③債権者保護手続における公告の日または催告の日のいずれか早い日、以上のうちのいずれか早

い日をいう（同条2項）。

　株式会社は、組織変更計画に定めた効力発生日に合同会社になる（会社法745条1項）。本店所在地においては効力発生日から2週間以内、支店所在地においては効力発生日から3週間以内に、組織変更前の株式会社についての解散の登記、および組織変更後の合同会社についての設立の登記を行う必要がある（会社法920条、932条）。

【株式会社から合同会社への組織変更手続】

組織変更計画の作成	記載事項については、会社法744条に規定
組織変更計画等の備置	組織変更計画備置開始日から効力発生日までの間、本店に備置
組織変更計画についての総株主の同意	組織変更計画に記載された効力発生日の前日までに行う
債権者保護手続（官報公告および催告）	異議申述期間内に債権者が異議を述べたときは、個別に弁済・担保提供・信託のいずれかを行う
組織変更の登記	本店所在地においては効力発生日から2週間以内 支店所在地においては効力発生日から3週間以内

Ⅵ 組織再編

組織再編のルールであるが、合併、会社分割、株式交換などの組織再編ごとに取扱いが定められている。株式会社は、すべての組織再編について制限がないが、合同会社を含む持分会社については、一定の制限がある点に留意が必要である。

1. 合併

会社は、他の会社と任意に合併することができる（会社法748条）。株式会社、合名会社、合資会社、合同会社の4種類の会社間で自由に合併することができる。当然に合同会社の合併についても、会社の種類を問わず行うことが可能である。吸収合併については、株式会社および持分会社のいずれが存続会社となることもでき、また、新設合併についても、株式会社および持分会社のいずれが新設合併設立会社となることもできる（会社法749条、751条、753条、755条）。

合同会社が吸収合併、新設合併をするときは、存続会社（新設会社を含む）となる場合および消滅会社となる場合を問わず、定款に別段の定めがある場合を除いて、総社員の同意が必要であり、かつ、債権者保護手続を行う必要がある（会社法793条、802条、813条）。

なお、合併に際しては、合併の基本的な内容を明らかにする合併契約が当事会社間で締結される必要がある。

2. 会社分割

会社分割における吸収分割承継会社および新設分割設立会社（事業の移転先法人）は、株式会社、合名会社、合資会社、合同会社の4種類の会社すべてがなることができる。

一方、吸収分割会社または新設分割会社（事業の移転元法人）になることができるのは、株式会社および合同会社に限られ、合名会社および合資会社はなることができない（会社法757条）。

なお、吸収分割を行う場合は吸収分割契約の締結、新設分割を行う場合は新設分割計画を作成する必要がある。

3. 株式交換

株式会社および合同会社は、株式交換における完全親会社となることができる。合同会社は、株式交換における完全子会社となることはできない。しかし、合同会社のすべての社員がその持分を完全親会社となる会社に譲渡する方法により、その合同会社が株式交換における完全子会社となるのと実質的に同様の効果を得ることは可能である。

なお、合名会社および合資会社については、その必要性・ニーズが考えられないため、株式交換をすることができない。

4. 株式移転

合同会社は、株式移転をすることができない。しかし、合同会社のすべての社員がその持分を現物出資する方法により、その合同会社が株式移転における完全子会社となるのと実質的に同様の結果を得ることは可能である。

なお、合名会社および合資会社については、その必要性・ニーズが考えられないため、株式移転をすることができない。

会社の種類ごとの組織再編の可否

		株式会社	合同会社	合名会社・合資会社
合併		○	○	○
会社分割	分割会社	○	○	×
	承継会社	○	○	○
株式交換	完全親会社	○	○	×
	完全子会社	○	×	×
株式移転		○	×	×

VII 解散・清算

1. 解散および清算の意義

会社解散とは、会社の法人格の消滅を生じさせる原因となる法的事実である。会社が解散すると、通常は清算手続が開始されるが、破産の場合は破産手続が開始される。

清算手続とは、会社を取り巻く一切の法律関係を処理するために実行される手続である。解散会社の資産を換価し、一方において債務を弁済し、もしくは債務免除を受け、残余財産が生じる場合には残余財産を株主に対して分配する手続である。

合併を除き、解散によって会社の法人格が直ちに消滅するわけではない。清算手続においては、法人格は上記の清算手続の結了をもって消滅することになる。破産手続の場合も、破産手続の結了をもって法人格が消滅することになる。清算、破産は、いずれも解散会社の後始末をする手続であり、解散会社の資産・債務の整理を行い、残余財産が残った場合には株主に分配するという形で、最終的に会社が消滅する。

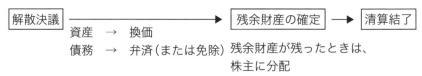

2. 解散事由

合同会社の解散原因であるが、次に掲げる事由によって解散する（会社法641条）。

合同会社の解散事由

① 定款で定めた存続期間の満了
② 定款で定めた解散の事由の発生
③ 総社員の同意
④ 社員が欠けたこと
⑤ 合併（合併により当該合同会社が消滅する場合に限る）
⑥ 破産手続開始の決定
⑦ 解散を命ずる裁判（会社法824条1項または833条2項の規定によるもの）

（1）定款で定めた存続期間の満了

　定款により会社の存続期間を定めた場合は、その存続期間の満了により合同会社は解散する。その時期は客観的に特定できるものであれば問題ない。その存続期間は登記することが必要である（会社法914条4号）。

　なお、定款により存続期間を定めた場合であっても、その存続期間の満了前に他の解散原因により解散することはできる。

（2）定款で定めた解散の事由の発生

　定款により会社の解散事由を定めた場合は、その解散事由の発生により合同会社は解散する。この解散事由は、例えば特定の社員の死亡や鉱物資源の枯渇等のように、客観的・具体的に認識できるものであることが求められ、どのようなときに発生するかが客観的に判定できないような解散事由を定めた場合は、その定款の規定は効力を有しないと解されている[64]。定款に解散事由を定めた場合は、登記事項となる（会社法914条4号）。

　なお、定款により解散事由を定めた場合であっても、その解散事由の発生前に他の解散原因により解散することはできる。

64　新基本法コンメンタール「会社法2」日本評論社、P419（吉川栄一）。

（3）総社員の同意

合同会社は、いつでも総社員の同意によって解散することができる。株式会社の場合は多数決原理により株主総会の特別決議により解散できるが、社員の個性が重視される合同会社の場合は総社員の同意により初めて解散の決定をすることができる。ただし、定款自治原則により、社員の過半数の同意をもって解散する旨の解散事由を定款に定めた場合は、社員の過半数の同意により解散することになる（会社法641条2号）。

（4）社員が欠けたこと

合同会社を含む持分会社の場合、社員の個性が重視されるため、社員の死亡が法定退社事由とされている（会社法607条1項3号）。死亡した社員の持分を相続人が承継する旨の定款の定め（会社法608条1項）がない限り、社員数は減少することになる。死亡した株主の株式が当然に相続人に承継される株式会社の場合とは異なっている。

1人社員である合同会社において社員が死亡した場合などは、死亡した社員の持分を相続人が承継する旨の定款の定めがないときは、合同会社の解散事由になる。

（5）合併

吸収合併における消滅会社は、合併の効力発生日に解散する。清算手続なしに直ちに消滅することになる点が、通常の解散・清算と異なる。吸収合併の登記後でなければ、解散を第三者に対抗することはできない[65]。

一方、新設合併における各当事会社は、新設会社の成立の日に解散し、

65　合併の効力発生日から2週間以内に、存続会社の本店所在地において、消滅会社について解散の登記を、存続会社について変更の登記を行う（会社法921条、922条、商業登記法79条、80条、82条、83条）

清算手続なしに消滅する。

（6）破産手続開始の決定

　合同会社は、破産手続開始の決定の時に解散する（破産法30条2項）。ただし、解散し清算中の会社に対して破産手続開始決定がなされた場合であっても、清算結了前であるときは、解散原因にはならない。

（7）解散を命ずる裁判

　解散を命ずる裁判には、解散命令（会社法824条）と解散判決（会社法833条）がある。

①　解散命令

　会社を代表する権限を有する者が刑罰法令に触れる行為を継続・反復する場合等に、公益維持の見地から、法務大臣、株主（社員）、会社債権者その他の利害関係人の申立てによりなされる[66]。

②　解散判決

　第1に、会社の業務執行上著しく困難な状況に至り、当該会社に回復することができない損害が生じ、または、生ずるおそれがある場合、第2に、会社の財産の管理・処分が著しく失当で会社の存立を危うくする場合において、やむをえない事由があるときは、社員の請求によりなされ、会社の解散を命じる裁判の確定により、その会社は解散する。

　合同会社の場合のやむを得ない事由として考えられるケースとしては、社員間の対立により事業継続が困難な場合がある。ただし、元凶となっ

66　大阪地判・平成5年10月6日、判時1512号、P44。

た帰責事由のある社員を除名して退社させ（会社法607条1項）、局面の打開を図るべきか、解散請求を認めるべきかの判断は困難なことが多いとされている[67]。

なお、合同会社が解散した場合には、存続会社となる合併、承継会社となる会社分割をすることはできない（会社法643条）。逆に、消滅会社となる合併、分割会社となる会社分割はできる。清算中に、事業の全部または一部を譲渡することも認められていることとの関係からみても、認められて当然といえる。

3. 清算における権利義務の制限

清算合同会社は、清算の目的の範囲内において、清算が結了するまではなお存続する。権利能力が清算の目的に照らして必要な範囲内に縮減されるため、清算事務の遂行に必要な範囲でしか営業取引を行うことはできない。例えば、棚卸資産については、解散時に在庫として残っているものについて売却処分等により換価することは清算事務の遂行に必要な範囲であるが、新たな生産を行い、利益を目的として棚卸資産の売却を行うことはできない。

資産を売却し換価を行うことと、債務を弁済し、もしくは債務免除を受け、債務の整理を行うことを一体的に進めていくことにより、清算事務が遂行される。金銭以外の資産（現物）で分配する場合を除いて、すべての資産を換価し、すべての債務を整理し、残余財産が残る場合に社員に分配することになる。

---

[67] 「新基本法コンメンタール　会社法3」（別冊法学セミナー No.201）日本評論社、P78（菊地雄介）。

4. 清算人

(1) 選任

定款で定めた存続期間の満了、定款で定めた解散事由の発生、総社員の同意による解散の場合は、解散前の合同会社において業務を執行する社員が清算人になるのが原則である。これを法定清算人という。ただし、例外的に、定款に別段の定めがある場合のその定められた者、または、社員（定款で業務執行社員を定めている場合は、その社員）の過半数の同意によって清算人を選任することもできる（会社法647条1項）。

清算人となる者がないときは、利害関係人の申立てにより、裁判所が清算人を選任する（同条2項）。また、社員が欠けたこと、解散命令によって解散した合同会社の場合は、利害関係人もしくは法務大臣の申立てによりまたは職権で清算人を選任する（同条3項）。さらに、設立無効の訴えまたは設立取消しの訴えにより解散した合同会社の場合は、利害関係人の申立てにより、裁判所が清算人を選任する（同条4項）。

(2) 清算人の職務

清算人は、次に掲げる職務を行う（会社法649条）。

・現務の結了[68]

・債権の取立ておよび債務の弁済

・残余財産の分配

会社が解散すると、それ以後の清算事務は清算人が行うことになる。すなわち、清算人は、清算会社の業務を執行する（会社法650条1項）。資産を換価し、債務の弁済等を行い、残余財産が残れば株主に対して分配する。

清算人が2人以上の場合には、清算合同会社の業務は、定款に別段の定

---

[68] 例えば解散時に残っている在庫を販売するなど、会社解散時において未了となっている事務を結了させることである。

めがある場合を除き、清算人の過半数をもって決定する（同条2項）。2項の規定にかかわらず、社員が2人以上ある場合には、清算合同会社の事業の全部または一部の譲渡は、社員の過半数をもって決定する必要がある（同条3項）。

債務の弁済を行っていくなかで、弁済不能な債務について債務免除を受けることができ、結果として債務の整理がすべて完了すれば、清算結了に至らせることは可能である。しかし、債務免除を受けることができず、合同会社の財産がその債務を弁済するのに足りないことが明らかになったときは、清算人は、直ちに破産手続開始の申立てをしなければならない（会社法656条1項）。

(3) 清算人の義務と責任

清算人と合同会社との関係は、委任の関係にある（会社法651条1項）。清算人は、業務執行社員と同様に、忠実義務を負う。また、競業取引を行うときは社員全員の承認が必要であり、利益相反取引を行うときは社員の過半数の承認を受けなければならない（同条2項）。

清算人は、任務懈怠により合同会社に損害が生じた場合には、合同会社に対し、連帯して賠償する責任を負う（会社法652条）。

清算人は、悪意または重大な過失により第三者に損害が生じた場合には、連帯して、その損害を賠償する責任を負う（会社法653条）。

(4) 法人が清算人となる場合

法人が清算人となることは可能である。法人が清算人である場合には、その法人は、清算人の職務を行うべき者を選任し、その者の氏名および住所を社員に通知しなければならない（会社法654条1項）。上記の（3）の取扱いは、法人が選任した職務執行者にそのまま適用される（同条2項）。

(5) 代表清算人

清算人は、清算合同会社を代表する。清算人が2人以上ある場合には、各自、代表する。定款または定款の定めに基づく清算人の互選によって、清算人の中から清算合同会社を代表する清算人を定めることができる（会社法655条1項から3項）。

また、業務執行社員が清算人となる場合において、合同会社を代表する社員を定めていたときは、その合同会社を代表する社員が、清算合同会社を代表する清算人となる（同条4項）。

さらに、裁判所が清算人を選任する場合には、その清算人の中から清算合同会社を代表する清算人を定めることができる（同条5項）。

(6) 清算人の登記

業務執行社員が清算合同会社の清算人となったとき（＝法定清算人の場合）または清算人が選任されたときは、解散の日から2週間以内に、その本店の所在地において、次に掲げる事項を登記しなければならない（会社法928条2項、3項）。

・清算人の氏名または名称および住所
・清算合同会社を代表する清算人の氏名または名称（清算合同会社を代表しない清算人がある場合に限る）
・清算合同会社を代表する清算人が法人であるときは、清算人の職務を行うべき者の氏名および住所

5. 財産目録の作成等

清算人は、その就任後遅滞なく、清算合同会社の財産の現況を調査し、法務省令で定めるところにより解散日における財産目録および貸借対照表（以下、「財産目録等」）を作成し、各社員にその内容を通知しなければなら

ない（会社法658条1項）。

　清算合同会社は、財産目録等を作成した時からその本店の所在地における清算結了の登記の時までの間、当該財産目録等を保存しなければならない（同条2項）。

　清算合同会社は、社員の請求により、毎月清算の状況を報告しなければならない（同条3項）。

　財産目録等の作成方法については、会社法施行規則に規定が置かれている。以下のとおりである。

（1）財産目録の作成

　財産目録は、資産、負債および正味財産の3つの部に区分して表示しなければならない（会社法施行規則160条3項）。正味財産の部は、正味財産という1つの項目を表示すれば足りる。清算合同会社においては、利益の配当は行われないため、資本金、準備金および剰余金の区分や剰余金の額を表示する必要がないと解されるからである[69]。資産および負債は、その内容を示す適当な名称を付した項目に細分することができる（同条3項後段）。細分することができると規定されているが、財産目録の性質上一定の細分化を行う必要があろう。

　財産目録とは、貸借対照表の資産および負債の内訳明細である。財産目録に記載する財産については、その処分価格を付すことが困難な場合を除いて、その解散日における処分価格（清算価格）を付さなければならない（会社法施行規則160条2項）。後で説明する貸借対照表も、処分価格により表示したものを作成しなければならない。また、清算合同会社の会計帳簿については、財産目録に付された価格を取得価額とみなす（同条2項後段）。

69　東京高判・昭和14年1月31日・法律新聞4443号、P10。

処分価格を付さなければならないとされているのは、継続企業を前提と
した適正な期間損益計算に基づく計算書類とは異なり、清算開始時におけ
る清算合同会社の財産状態をよりよく示すことが目的であり、継続企業を
前提とした価格を付すのではなく、換価を前提とした価格を付すという考
え方に基づいているからである[70]。

　処分価格とは、資産の売却（処分）見積額から、売却（処分）に係るコ
ストの見積額を控除した差額である。

　各勘定科目の処分価格は、次のように算定することが考えられる。処分
価格を見積もることが困難な場合もあり、その場合は「処分価格を付すこ
とが困難な場合」に該当するため、原則として、帳簿価額により計上する
ことが認められる。ただし、減損を認識すべき場合には、減損を認識する
などした、適正な帳簿価額を付すべきものと解される[71]。

勘定科目ごとの処分価格の算定方法

勘定科目	処分価格の算定方法
現金	現金の保有高（＝帳簿価額）
預金	元本に解散日までの未収利息（経過利息）を加算した金額。
金銭債権	債権残高から取立不能見込額および取立費用見込額を控除した金額。したがって、財産目録には、貸倒引当金は表示されない。取立不能見込額および取立費用見込額については、個別に見積もる必要がある。なお、貸付金は、未収利息を加算する。
棚卸資産	市場価格がある場合は、市場価格から売却に要する費用の見積額を控除した金額。市場価格がない場合は、売却可能価額を見積もり、売却に要する費用の見積額を控除した金額。
有価証券	市場価格のある有価証券は、市場価格から処分費用見込額を控除した金額。市場価格のない有価証券は、売却可能価額を見積もり、処分費用見込額を控除した金額。
前払費用、仮払金	現金回収が見込まれる部分については、未収入金に計上し、それ以外の部分についてはゼロ評価。

70　弥永真生「コンメンタール　会社法施行規則・電子公告規則」商事法務、P 814。
71　弥永真生「コンメンタール　会社法施行規則・電子公告規則」商事法務、P 815から P 816。

土地	近隣の取引事例価額、または、公示価格、路線価格等をもとに売却可能価額を見積もり、処分費用見込額を控除した金額。建物を取り壊して更地として処分する必要があるものについては、取壊費用を見積もり控除した金額。
その他の有形固定資産	処分が可能なものは、処分可能価額から処分費用見込額を控除した金額。
無形固定資産	原則としてゼロ評価。ただし、処分が可能なものは、処分可能価額から処分費用見込額を控除した金額。
繰延資産	原則としてゼロ評価。ただし、税務上の繰延資産で契約解除により現金回収が見込まれる部分については、未収入金を計上する。
未払金	契約解除に伴い違約金を支払うものについては、それを未払金に計上する。
借入金	解散日までの経過利息を未払金に計上する。
未払金	契約解除に伴い違約金を支払うものについては、それを未払金に計上する。
借入金	解散日までの経過利息を未払金に計上する。
未払退職給付	原則として、解散日現在の、会社都合要支給額を計上する。
法人税、住民税および事業税	事業年度開始日から解散日までの期間に係る所得金額に対する確定税額を未払金に計上する。また、清算中の各事業年度に係る損益法に基づく所得金額に対する税額を可能な範囲で見積もる（平成 22 年 9 月 30 日以前の解散については、清算所得に対する税額を見積もり、概算計上する）。
偶発債務	保証債務等で、債務の履行が確実に見込まれるものについては、履行見込額を未払金に計上する。なお、割引手形については、不渡りとなったときに遡求義務が発生するため、割引手形残高は受取手形（資産）と割引手形（負債）を両建てで表示することが考えられる。

　財産目録は、資産については財産的価値のあるものを計上し、負債については法律上の債務が計上されるものと考えられる。継続企業を前提とした、適正な期間損益計算の考え方は採用しないため、法的債務性のない引当金や繰延資産は計上しない。また、税効果会計による繰延税金資産および繰延税金負債も計上しないことになる。

　逆に、「一般に公正妥当と認められる企業会計の基準その他の企業会計の慣行」では認められない自己創設のれん、無形資産、取得時に費用処理し

たことによりオフバランスとなっている資産、リース資産・リース債務、保証債務などは、資産または負債に計上しなければならないと解されている[72]。

　以下、財産目録の記載例を示す。

財産目録の記載例

財 産 目 録

（令和○○年○月○日現在）

資産の部　　　　　　　　　　　　　　　　　　　　　　　　（単位：千円）

科　目		金　額
預金	手元現金	ＸＸＸ
	普通預金　○○銀行○○支店	ＸＸＸ
受取手形	Ａ株式会社	ＸＸＸ
	Ｂ株式会社	ＸＸＸ
	Ｃ株式会社	ＸＸＸ
売掛金	Ａ株式会社	ＸＸＸ
	Ｄ株式会社	ＸＸＸ
商品	○○○	ＸＸＸ
原材料	○○○ほか	ＸＸＸ
その他の流動資産	○○○	ＸＸＸ
建物	東京都中央区○○町○番○号　　　　○○○㎡	ＸＸＸ
	東京都中央区○○町○番○号　　　　○○○㎡	ＸＸＸ
土地	○○○ほか	ＸＸＸ
工具・器具備品	Ｅ㈱株式○○株、Ｆ社債額面金額ＸＸＸ	ＸＸＸ
投資有価証券	Ｇ株式会社	ＸＸＸ
長期貸付金	○○カントリークラブゴルフ会員権、保険積立金	ＸＸＸ
その他の固定資産		ＸＸＸ
資産の部合計		Ｘ，ＸＸＸ

72　弥永真生「コンメンタール　会社法施行規則・電子公告規則」商事法務、Ｐ816からＰ818。

106 第2章 合同会社の法務

負債の部

科　目		金　額
支払手形	H株式会社	ＸＸＸ
	I 株式会社	ＸＸＸ
買掛金	J 株式会社	ＸＸＸ
	K株式会社	ＸＸＸ
短期借入金	○○銀行○○支店	ＸＸＸ
未払金	○○社会保険事務所	ＸＸＸ
	従業員未払給与	ＸＸＸ
未払税金	○○税務署	ＸＸＸ
未払退職給付	従業員退職金	ＸＸＸ
負債の部合計		Ｘ，ＸＸＸ

正味財産の部

差引正味財産		ＸＸＸ

(2) 貸借対照表の作成

　解散日現在の貸借対照表は、財産目録に基づき作成しなければならない（会社法施行規則161条2項）。資産、負債および純資産の3つの部に区分して表示しなければならない（同条3項）。資産および負債は、その内容を示す適当な名称を付した項目に細分することができる（同条3項後段）。

　財産目録と同様に、処分価格により表示する必要があるが、処分価格を付すことが困難な資産がある場合には、当該資産に係る財産評価の方針を注記しなければならない（同条4項）。

　資産については財産的価値のあるものを計上し、負債については法律上の債務が計上されるものと考えられる。継続企業を前提とした、適正な期間損益計算の考え方は採用しないため、法的債務性のない引当金や繰延資

貸借対照表（令和○○年○月○日現在）

資 産 の 部		負 債 の 部	
科　　目	金　　額	科　　目	金　　額
現預金	×××	支払手形	×××
受取手形	×××	買掛金	×××
売掛金	×××	短期借入金	×××
商品	×××	未払金	×××
原材料	×××	未払税金	×××
その他の流動資産	×××	未払退職給付	×××
建物	×××	負債合計	××××
工具・器具備品	×××	純 資 産 の 部	
土地	×××	純資産	×××
投資有価証券	×××		
長期貸付金	×××		
その他の固定資産	×××		
資産合計	××××	負債および純資産合計	××××

(注)　下記の資産は、処分価格を付すことが困難なため、次の金額を計上している。
　　　市場価格のない有価証券……移動平均法に基づく原価法により評価した金額

産は計上しない。また、税効果会計による繰延税金資産および繰延税金負債も計上しないことになる。

　純資産の部は、純資産という１つの項目を表示すれば足りる。清算合同会社においては、利益の配当は行われないため、資本金、準備金および剰余金の区分や剰余金の額を表示する必要がないと解されるからである[73]。

　資産の部を流動資産、固定資産、負債の部を流動負債、固定負債のように区分する必要性はないと考えられる。清算合同会社は、財産を換価し、

73　弥永真生「コンメンタール　会社法施行規則・電子公告規則」商事法務、P819からP820。

108　第2章　合同会社の法務

債務の弁済または免除等により、資産および負債の整理を図っていくことになるため、流動・固定区分には実益がないものと考えられるからである。

　資産および負債の部を、その内容を示す適当な名称を付した項目に細分するが、どの程度の細分を行うかは、会社の規模、業態を踏まえて、重要性および明瞭性の観点から、各社が適正に判断すべきものと考えられる。

6.　債権者に対する公告等

（1）公告および催告

　清算合同会社は、解散後遅滞なく、2ヵ月を下回らない一定の期間を定め、その期間内に会社に対する債権を申し出るべき旨を官報に公告し、かつ、知れている債権者[74]には、各別にこれを催告しなければならない（会社法660条1項）。公告には、債権者がその期間内に申出をしないときは、清算から除斥される旨を付記しなければならない（同条2項）。

　官報による公告に加えて、日刊新聞紙による公告または電子公告を重ねて行った場合であっても、催告を省略することはできず、その点において減資や合併に比して手続が厳格である。

　なお、債権申出期間は、2ヵ月を下回ってはならない旨の規定が置かれているため、2ヵ月ちょうどを設定する場合が多い。清算合同会社は、この債権申出期間内は、原則として債務の弁済をすることができない（会社法661条1項前段）。

74　知れている債権者とは、債権者が誰であるか、またその債権者がいかなる原因に基づく請求権であるかの大体が会社に知れている場合の債権者をいい、会社との間に訴訟上係争中の債権者であっても、知れている債権者に含まれないとは必ずしもいえないと解される（大判・昭和7年4月30日、民集11巻、P706）。また、会社が帳簿その他により氏名および住所等を把握している債権者であり、債権額が確定していなくてもよいと解されている（上柳克郎・鴻常夫・竹内昭夫編集代表「新注釈会社法（13）」有斐閣、P301（中西正明））。

(2) 清算から除斥された債権者の取扱い

　債権の申出期間内に申出をしなかった債権者（知れている債権者を除く）は、清算から除斥される（会社法665条1項）。知れている債権者は除斥されない。

　簿外の債務で会社が把握していない債権者が存在している場合、知れている債権者以外の債権者として、債権の申出をしないと除斥されることになる。

　債権者が債権の申出をしなかったことにより清算から除斥された場合、他の債権者に対してまだ分配されていない財産についてしか弁済を請求することができなくなる（同条2項）。また、残余財産を一部の社員に対してすでに分配している場合には、他の社員に対してこれと同一の割合で分配するために必要な財産に対しての請求はできなくなる（同条3項）。わかりやすく言い換えれば、すでに一部の社員に対して残余財産の分配が行われている場合には、他の社員に対してこれと同一の割合で分配するために必要な財産を残余財産から控除した残額に対してのみ、弁済の請求ができる。残余財産がない場合は、まったく弁済を受けることができなくなることを意味する。

(3) 債権申出期間中の弁済の効力

　債権申出期間中は、債務の弁済ができないとされている。それは、一部の債権者に弁済することにより、残りの債務の弁済に不足をきたす可能性もあるため、債権申出期間内の弁済を待たせ、すべての債権者に対する公平な弁済を保障する趣旨であると解されている。

　ただし、清算合同会社は、債権申出期間内であっても、裁判所の許可を得て、少額の債権、清算合同会社の財産に対する担保権によって担保される債権およびこれを弁済しても他の債権者を害するおそれがない債権に係

110　第2章　合同会社の法務

る債務について、その弁済をすることができる。この場合において、当該許可の申立ては、清算人が2人以上あるときは、その全員の同意によってしなければならない（会社法661条2項）。

　債権申出期間中に、清算合同会社が債務の弁済を行った場合は、私法上は有効であると解されており、清算合同会社が債務超過であるときの公平の確保については、破産手続等により図るほかないと考えられる[75]。

(4) 公告・催告の記載例

　解散公告および債権申出催告書の記載例は、次のとおりである。

解散公告の記載例（官報に掲載）

> 解散公告
>
> 　当社は、令和○○年○月○日付の総社員の同意により解散しましたので、当社に債権を有する者は、本公告掲載の翌日から二箇月以内にお申し出ください。なお、右期間内にお申し出がないときは、清算から除斥します。
>
> 　　　　令和○○年○月○日
>
> 　　東京都千代田区○○町○丁目○番○号
>
> 　　　　　　○○合同会社
>
> 　　　　代表清算人　甲野　太郎

75　江頭憲治郎「株式会社法（第4版）」有斐閣、P930。

VII 解散・清算　111

債権申出催告書の記載例

令和○○年○月○日

債権者各位

東京都千代田区○○町○丁目○番○号
○○合同会社
代表清算人　甲野　太郎　印

債権申出催告書

　拝啓　ますますご清祥のこととお慶び申し上げます。
　さて、当社は、令和○○年○月○日付の総社員の同意により解散しましたので、貴殿の当社に対して有する債権につき、別紙により、令和○○年○月○日までにお申し出ください。

敬具

　上記の債権申出催告書において、債権の申出を「別紙により」お申し出くださいと記載している。債権申出催告書を知れている債権者に発送するに際して、「債権申出書」を同封して、それを返送してもらう方法が採用されるケースが少なくない。「債権申出書」の記載例は、次のとおりである。

債権申出書の記載例

（別紙）

令和○○年○月○日

○○合同会社
代表清算人　甲野　太郎殿

東京都港区○○町○丁目○番○号
○○○株式会社
代表取締役　○○○○　印

債権申出書

　貴社に対する債権を、下記のとおり申し出ます。

債権金額合計　　　○○○，○○○円

（内訳）

債権の発生年月日	債権発生の原因	金額（円）
令和○○年○月○日	製品○○の納入	○○○，○○○円
令和○○年○月○日	製品○○の納入	○○○，○○○円
令和○○年○月○日	製品○○の納入	○○○，○○○円

7.　残余財産の分配

　清算合同会社は、債務を弁済した後でなければ、その財産を社員に分配することはできない（会社法664条）。この原則に違反して、清算人が債務の完済前に残余財産を社員に分配した場合には、その分配を受領した各社員は会社に対して返還義務を負うと考えられる[76]。

　また、残余財産の分配があるときの分配の割合については、定款に別段の定めがないときは、各社員の出資の価額に応じて定める（会社法666条）。定款自治の原則により、定款に、出資の価額によらない別段の定めをすることができるとされているが、経済的合理性に基づくものでないと、寄附金課税の問題が生じ得る点に留意する必要がある。

　清算合同会社は、清算事務が終了したときは、遅滞なく、清算に係る計算をして、社員の承認を受ける必要がある（会社法667条1項）。社員が1ヵ月以内にその計算について異議を述べなかったときは、社員は、その計算の承認をしたものとみなされる。ただし、清算人の職務の執行に不正の行

76　大判大正7年7月2日、民録24・P1331。

為があったときは、そのようにみなされない（同条2項）。

8. 清算結了の登記

　清算が結了したときは、清算に関する計算に係る社員の承認の日（会社法667条1項）から2週間以内に、その本店の所在地において、清算結了の登記をしなければならない（会社法929条）。

9. 帳簿書類の保存

　清算人は、清算合同会社の本店の所在地における清算結了の登記の時から10年間、清算合同会社の帳簿ならびにその事業および清算に関する重要な資料（以下、「帳簿資料」）を保存しなければならない（会社法672条1項）。また、定款でまたは社員の過半数をもって帳簿資料を保存する者を定めた場合には、その者が、清算結了の登記の時から10年間、帳簿資料を保存しなければならない（同条2項）。

　ただし、裁判所は、利害関係人の申立てにより、上記の者に代わって帳簿資料を保存する者を選任することができる。その場合の保存期間も、清算結了の登記の時から10年間である（同条3項、4項）。

　帳簿資料の保存は、清算に関して後日問題が生じたときに備えて、証拠資料として一定期間保存しておくことにその趣旨がある。保存すべき帳簿資料としては、（会社法上の帳簿に限らない）すべての帳簿および事業および清算に関する重要な資料である。

10. 社員の責任の消滅時効

　社員の責任は、清算合同会社の本店の所在地における解散の登記をした後5年以内に請求または請求の予告をしない清算合同会社の債権者に対しては、その登記後5年を経過した時に消滅する（会社法673条1項）。いわ

ゆる消滅時効を定めるものである。

　ただし、その期間の経過後であっても、社員に分配していない残余財産があるときは、清算合同会社の債権者は、清算合同会社に対して弁済を請求することができる（同条2項）。時効完成後であっても、未分配の残余財産があるときは、債権者はその財産からの弁済を請求することができる。

第3章

合同会社の会計

116 第3章 合同会社の会計

Ⅰ 会計帳簿および計算書類

1. 会計の原則

　合同会社の会計は、一般に公正妥当と認められる企業会計の慣行に従うものとする（会社法614条）。

　「公正な会計慣行」とは法令のように明確なものではない。会社法においては、企業会計の慣行についての直接の定義規定は置かれておらず、金融商品取引法上の財務諸表の作成に適用される会計基準と同一であるかどうかについても規定はないが、少なくとも対象範囲が金融商品取引法よりも格段に広い会社法においては必ずしも同一ではない。

　「公正な会計慣行」は、会計基準よりも広い概念である。例えば「企業会計原則」や企業会計基準委員会が設定した会計基準は、金融商品取引法上の有価証券報告書を提出する会社を主な対象としている。一方、「中小企業の会計に関する指針」（日本税理士会連合会・日本公認会計士協会・日本商工会議所・企業会計基準委員会）および「中小企業の会計に関する基本要領」（中小企業の会計に関する検討会）は、会計基準ではないが、一定の範囲の会社にとっては「公正な会計慣行」の1つであると解することができる。合同会社が、金融機関からの融資を受けるに際して、これらの指針や要領に基づいて計算書類が作成されているかどうかについて、信用保証協会から顧問税理士等に対してチェックシートを提出することが求められる場面もある。合同会社の場合、通常は、上記のいずれかの取扱いに基づくことが望ましいと考えられる。

　要するに、「公正な会計慣行」と表現されているように、会計基準のように成文化されていることは必要ではなく、慣行であるかどうかは反復・継続性が認められるとか、あるいは、ある程度の割合の企業が採用しているといった事実の問題であると考えられる。初めての適用であっても、今後

において反復・継続する可能性が高い状況においては、「慣行」と解する余地があろう。また、一定の業種・業態・規模・株主構成等を有する企業のほとんどでなくても、ある程度の割合の企業が採用している会計処理方法も「慣行」であると考えられる。

学説においては、「公正な会計慣行」は複数存在する可能性があると解されている。企業は、自己の属する業種・業態・規模・株主構成等を有する企業にとっての「公正な会計慣行」に従う必要があるが、それが複数存在する場面においては、そのうちの1つを選択するという状況が生じ得る。

2. 会計帳簿
(1) 会計帳簿の作成および保存

合同会社は、法務省令で定めるところにより、適時に、正確な会計帳簿を作成しなければならない（会社法615条1項）。合同会社は、会計帳簿の閉鎖の時から10年間、その会計帳簿およびその事業に関する重要な資料を保存しなければならない（同条2項）。

合同会社の作成すべき計算書類は、会計帳簿に基づき作成しなければならない（会社計算規則70条、71条3項）。したがって、会計帳簿は、合同会社の計算書類作成の基礎となるものである。

会計帳簿は後日の紛争が生じたときの重要な証拠資料となるものであり、保存期間は10年間とされている。保存期間の起算点は、「会計帳簿の閉鎖の時」とされているが、多数説では決算締切りの時と解されている。

また、「その事業に関する重要な資料」とは何であるかが問題となるが、契約書、発注書、受注書、請求書、領収書、通帳など、将来の紛争に備えて事実関係、法律関係等を証明するために重要な資料であると解される。

（2）会計帳簿の提出命令

裁判所は、申立てによりまたは職権で、訴訟の当事者に対し、会計帳簿の全部または一部の提出を命ずることができる（会社法616条）。

会計帳簿は、合同会社の事業上の財産およびその価額を記載した帳簿であり、裁判において重要な証拠資料になると考えられる。裁判所は、申立てまたは職権で提出を命ずることができるとされている。民事訴訟法の一般原則によれば、訴訟当事者の申立てが必要であるとされているが、本規定は、申立てがなくても、裁判所の職権により提出を命ずることができるとするものである。

3. 計算書類

（1）計算書類の作成および保存

合同会社は、その成立の日における貸借対照表を作成し（会社法617条1項）、さらに、各事業年度に係る計算書類（貸借対照表その他合同会社の財産の状況を示すために必要かつ適切なものとして法務省令で定めるものをいう）を作成しなければならない（同条2項）。

成立の日における貸借対照表とは、本店の所在地において設立の登記をした日における貸借対照表であり、成立日貸借対照表をいう。また、各事業年度に係る計算書類を作成しなければならないが、計算書類の具体的内容については、法務省令に委任されている。すなわち、計算書類とは、貸借対照表、損益計算書、社員資本等変動計算書および個別注記表の4つである（会社計算規則71条1項2号）。なお、合同会社の場合、事業報告および附属明細書の作成義務はない。

他の持分会社（合名会社および合資会社）については、貸借対照表の作成のみが強制されているが、それは無限責任社員が存在することから、計算書類を簡易なものとしてよいという趣旨に基づいている。ただし、その

他の計算書類の全部または一部を作成するかどうかについては、会社自治が認められている（会社法617条２項、会社計算規則71条１項１号）。一方、合同会社の社員は、間接有限責任を負うのみであるから、会社債権者の保護の要請がより強く求められる。そのため、株式会社の取扱いに準じて、貸借対照表、損益計算書、社員資本等変動計算書および個別注記表の作成が義務づけられているものである。

　計算書類は、電磁的記録をもって作成することができる（会社法617条３項）。合同会社は、計算書類を作成した時から10年間、これを保存しなければならない（同条４項）。

　なお、株式会社と異なり、合同会社においては、決算公告は義務づけられていない。ただし、債権者保護の観点から、債権者に計算書類（作成した日から５年以内のものに限る）の閲覧・謄写請求権が認められている（会社法625条）。

　貸借対照表、損益計算書、社員資本等変動計算書および個別注記表の作成方法であるが、会社計算規則に規定されている。株式会社と持分会社の規定は同じ規定で包含されており、株式会社における作成方法と実質は同じである。それぞれの内容と記載例は次のとおりである。

①　貸借対照表
　　貸借対照表は、資産、負債および純資産の各部に区分して表示しなければならない（会社計算規則73条１項）。資産の部または負債の部の各項目については、当該項目に係る資産または負債を示す適当な名称を付さなければならない（同条２項）。また、資産の部は、流動資産、固定資産（固定資産は、さらに有形固定資産、無形固定資産および投資その他の資産）、繰延資産の項目に分類し、各項目は適当な項目に細分しなければならない（同規則74条１項、２項）。負債の部は、流動負債、固定負債の項

目に区分し、各項目は適当な項目に細分しなければならない（同規則75条1項）。

　貸借対照表の純資産の部の表示方法については、社員資本、評価・換算差額等に区分しなければならない。社員資本は、資本金、資本剰余金、

貸借対照表　記載例

貸借対照表

（××年3月31日）（単位：千円）

（資産の部）		（負債の部）	
流動資産	×××	**流動負債**	×××
現預金	×××	支払手形	×××
受取手形	×××	買掛金	×××
売掛金	×××	短期借入金	×××
……	……	……	……
固定資産	×××	**固定負債**	×××
有形固定資産	×××	長期借入金	×××
建物	×××	退職給付引当金	×××
土地	×××	……	……
……	……	**負債合計**	×××
無形固定資産	×××	（純資産の部）	
ソフトウェア	×××	**社員資本**	×××
のれん	×××	資本金	×××
……	……	資本剰余金	×××
投資その他の資産	×××	利益剰余金	×××
投資有価証券	×××	**評価・換算差額等**	×××
繰延税金資産	×××	その他有価証券評価差額金	×××
……	……	純資産合計	×××
資産合計	×××	**負債および純資産合計**	×××

利益剰余金に区分しなければならない（同規則76条3項）。評価・換算差額等は、その他有価証券評価差額金、繰延ヘッジ損益等に区分しなければならない（同規則76条7項）。

　合同会社は、自己の持分の取得（株式会社の場合の自己株式の取得）はできないとされているため、自己持分の表示はあり得ない。また、合同会社には資本準備金および利益準備金の制度はないため、資本剰余金の区分における資本準備金、利益剰余金の区分における利益準備金の表示はない。記載例のように、資本剰余金、利益剰余金と表示することになる。

② 損益計算書

　損益計算書は、次に掲げる項目に区分して表示しなければならない。この場合において、各項目について細分することが適当な場合には、適当な項目に細分することができる（会社計算規則88条1項）。

```
(1) 売上高
(2) 売上原価
(3) 販売費及び一般管理費
(4) 営業外収益
(5) 営業外費用
(C) 特別利益
(7) 特別損失
```

　特別損益については、項目の細分が強制規定になっているが、売上原価、販売費及び一般管理費、営業外収益、営業外費用については、細分できるとされており、強制にはなっていない。売上高、売上原価については、

細分している事例は少ないし、販売費及び一般管理費についても、細分して表示している事例はほとんどない。営業外損益項目については、重要なものについて細分して表示している事例が多い。

売上高から売上原価を減じて得た額を売上総利益金額または売上総損失金額として表示しなければならない（会社計算規則89条1項、2項）。また、売上総損益金額から販売費及び一般管理費の合計額を減じて得た額は、営業利益金額または営業損失金額として表示しなければならない（同規則90条1項、2項）。営業損益金額に営業外収益を加算して得た額から営業外費用を減じて得た額は、経常利益金額または経常損失金額として表示しなければならない（同規則91条1項、2項）。経常損益金額に特別利益を加算して得た額から特別損失を減じて得た額は、税引前当期純利益金額または税引前当期純損失金額として表示しなければならない（同規則92条1項、2項）。税引前当期純損益から法人税等の額（税効果会計を適用している場合は、法人税等および法人税等調整額）を減じて得た額は、当期純利益金額または当期純損失金額として表示しなければならない。

ただし、売上総利益（または売上総損失）、営業利益（または営業損失）、経常利益（または経常損失）、税引前当期純利益（または税引前当期純損失）、当期純利益（または当期純損失）という項目名で取り扱うことは差し支えない。

I 会計帳簿および計算書類　123

損益計算書　記載例

損益計算書

(自　令和××年4月1日　至　令和××年3月31日)　(単位：千円)

売上高			×××
売上原価			×××
売上総利益			×××
販売費及び一般管理費			×××
営業利益			×××
営業外収益	受取利息	×××	
	受取配当金	×××	×××
営業外費用	支払利息	×××	
	雑損失	×××	×××
経常利益			×××
特別利益	土地売却益	×××	
	関係会社株式売却益	×××	×××
特別損失	固定資産除却損	×××	
	投資有価証券売却損	×××	×××
税引前当期純利益			×××
法人税、住民税及び事業税			×××
当期純利益			×××

③　社員資本等変動計算書

　社員資本等変動計算書は、その事業年度中の貸借対照表の純資産の部の各項目の計数の増減を表す計算書類である。社員資本だけではなく、評価・換算差額等の項目も含めて、純資産の部全体の各項目の増減が表される。

　貸借対照表の純資産の部の表示区分ごとの当期首残高、当期変動額および当期末残高を表示する。純資産の部の各項目は、期中に随時変動が生じうることから、この計算書類によって、前期の貸借対照表の純資産

の部の各項目の残高と、当期の貸借対照表の純資産の部の各項目の残高の連続性が確保されることになる。

社員資本等変動計算書　記載例

社員資本等変動計算書
（自　令和××年4月1日　至　令和××年3月31日）（単位：千円）

	社員資本				評価・換算差額等	純資産合計
	資本金	資本剰余金	利益剰余金	社員資本合計	その他有価証券評価差額金	
当期首残高	×××	×××	×××	×××	×××	×××
当期変動額						
利益の配当			△×××	△×××		△×××
当期純利益			×××	×××		×××
社員資本以外の各項目の当期変動額（純額）					×××	×××
当期変動額合計			×××	×××	×××	×××
当期末残高	×××	×××	×××	×××	×××	×××

④　個別注記表

　　会社計算規則では、個別注記表は20項目の規定からなっているが、合同会社などの持分会社に適用される規定は限られている。次の事項が注記事項とされている（会社計算規則98条2項5号）。

・重要な会計方針に係る事項に関する注記

・会計方針の変更に関する注記

・表示方法の変更に関する注記

・誤謬の訂正に関する注記

・収益認識に関する注記

Ⅰ 会計帳簿および計算書類　125

・その他の注記

　会計方針の変更に関する注記および表示方法の変更に関する注記は該当がある場合のみの注記であり、また、誤謬の訂正に関する注記はレアケースである。通常は、「重要な会計方針に係る事項に関する注記」が中心になる。

個別注記表　記載例

重要な会計方針

１．資産の評価基準および評価方法

① 　その他有価証券　　期末日の市場価格等に基づく時価法

　　　　　　　　　　　　（評価差額は全部純資産直入法により処理し、売却原価

　　　　　　　　　　　　は移動平均法により算出しております。）

② 　棚卸資産の評価基準および評価方法

　　　製品および仕掛品　　　　　　移動平均法による原価法

　　　原　　材　　料　　　　　　　移動平均法による原価法

２．固定資産の減価償却の方法

① 　有形固定資産　　建物は定額法、建物以外は定率法を採用しています。

② 　無形固定資産　　定額法を採用しています。

３．引当金の計上基準

① 　貸倒引当金　　法人税法に規定する貸倒引当金繰入限度額相当額を計上し

　　　　　　　　　ております。

　　　　　　　　　（または金融商品会計基準を適用している場合は以下のと

　　　　　　　　　おり）

　　　　　　　　　売上債権、貸付金等の貸倒損失に備えるため、一般債権に

　　　　　　　　　ついては貸倒実績率により、貸倒懸念債権等特定の債権に

> ついては個別に回収可能性を検討し、回収不能見込額を計
> 上しております。
>
> 4. 売上高の計上基準
> 当社製品が工場を出荷した日に、売上高を計上しています。

(2) 計算書類の承認

　合同会社については、計算書類の承認に係る規定が置かれていない。作成を担当する業務執行社員が作成することにより計算書類は直ちに正式なものとなるという見解もみられる[77]。ただし、計算書類の作成行為は事実行為であり、作成された計算書類について一定の権限のある機関による承認を経ることにより、計算書類は確定するという見解もみられる[78]。

　計算書類の作成は業務の決定にあたると解されるところ、社員が2以上ある場合は、社員の過半数の合意が必要となる（会社法590条2項）。また、定款で業務執行社員を定めており、かつ、業務執行社員が2以上あるときは、業務執行社員の過半数の合意をもって決定することになる（会社法591条1項）。

　株式会社の場合は、定時株主総会において計算書類を承認する場合に、株主総会の議事録の作成および保存が必要になる。一方、合同会社の場合は、定款の定めにより、任意で社員総会による承認を定めているケースを除いて、会議体による決定に係る議事録の作成は求められないと考えられる。しかし、法人税における役員給与に関して、社員総会もしくはこれに準ずるものの決議による限度額の定めとの関係で[79]、限度額に係る決定の記録を証拠として残す対応が必要になると考えられる。社員総会という会議体

77　岩原紳作・山下友信・神田秀樹編集代表「会社・金融・法（上）」、大杉謙一「持分会社・民法組合の法律問題」商事法務、P 64。
78　森本滋「合同会社の法と実務」商事法務、P 181。

I 会計帳簿および計算書類　127

によらず、業務執行社員の過半数により決定した場合においても、その決定の記録を証拠として残すことが考えられる。

　なお、社員が1人のみである合同会社である場合に、このような決定の記録を残すべきかが問題となる。この点については、法人税における役員給与との関係、社会保険事務所に提出する社員報酬の決定通知書の提出との関係などから、一定の記録を証拠として残すことが考えられる。様式は特にないため、決定した日時、決定した内容などを適宜まとめて、記名押印する対応が考えられる。

(3) 計算書類の閲覧等

　合同会社の社員は、その合同会社の営業時間内は、いつでも次に掲げる請求をすることができる（会社法618条1項）。定款で別段の定めをすることはできる。ただし、定款によっても、社員が事業年度の終了時に請求をすることを制限する旨を定めることはできない（同条2項）。

計算書類の閲覧・謄写請求

①　計算書類が書面をもって作成されているときは、書面の閲覧または謄写の請求
②　計算書類が電磁的記録をもって作成されているときは、電磁的記録に記録された事項を法務省令で定める方法により表示したものの閲覧または謄写の請求

79　定款の規定、株主総会、社員総会もしくはこれらに準ずるものの決議により、役員給与の限度額を定めている場合、その限度額を超えて支給した額が、法人税法上損金不算入になると規定されている（法令70条1項1号ロ）。実務上は、株主総会、社員総会もしくはこれらに準ずるものの決議により、役員給与の限度額を定めておいて、その限度額を超えないように支給する対応が採られる。

合同会社の社員に計算書類の閲覧謄写請求権が認められている。業務財産状況の調査権（会社法592条1項）と同様に、合同会社の社員の権利の確保または行使に関する調査をするうえで必要であるからである。

定款自治の原則に従い、定款で別段の定めをすることができる。社員の権利を制限することも認められるが、定款をもってしても、社員が事業年度の終了時に請求をすることを制限する旨を定めることはできない。

なお、合同会社の場合、会社債権者にも、上記と同様の計算書類の閲覧謄写請求権が認められている（会社法625条）。

II 資本金の額の減少

1. 合同会社における資本金の意義

　合同会社においては、社員が出資（金銭出資または現物出資）を履行することにより、出資された財産の価額[80]が、払込資本の額となる。合同会社の場合、株式会社のように、払込資本の額のうち2分の1を超えない額を資本準備金とすることができるという規定（会社法445条2項）が置かれていない。したがって、出資された財産の価額の範囲内で、合同会社または社員になろうとする者が自由に定めることができる。

　合同会社の場合、株式会社と異なり、資本準備金とその他資本剰余金、利益準備金とその他利益剰余金という区分はないため、社員資本には、資本金、資本剰余金、利益剰余金という区分しかありえない。

　例えば出資された財産の価額が500万円であったときに、資本金の額を500万円と定めてもよいし、100万円と定めてもよい。出資された財産の価額のうち資本金に計上されなかった額は、資本剰余金となる（会社計算規則44条2項、31条1項1号）。先の例で出資された財産の価額が500万円で

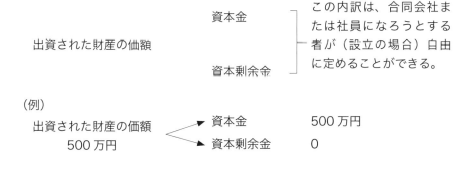

---

[80] 金銭出資の場合は金銭の総額であり、現物出資の場合は原則として現物出資資産の時価である（会社計算規則30条1項1号イ）。

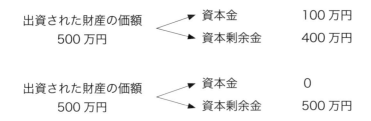

　資本金の額を100万円と定めたときは、資本剰余金が400万円となる。あるいは、資本金ゼロ円とし全額を資本剰余金に計上することもできる。

　出資された財産の価額の全額を資本剰余金に計上できるということは、多額の出資（増資を含む）を行うときの登録免許税の回避というメリットが生じることを意味する。合同会社において多額の増資をするような場合に、全額を資本剰余金に計上する場合には資本金の変更に係る登記が不要となる。登録免許税（増資額の0.7％）の負担を回避できるという点は大きなメリットである。

　この資本金の額は、後で説明する出資の払戻しまたは社員の退社による持分の払戻しのための資本金の額の減少における財源規制上の控除額としても利用されている（会社法626条4項）。

　なお、株式会社の場合、資本金の額の減少に係る目的についての制限がないが、合同会社の場合、資本金の額の減少は、以下説明する①損失のてん補のため、②出資の払戻しのため、または、③社員の退社に伴う持分の払戻しのため、以上の3つのいずれかの場合に限り、認められる点に留意する必要がある。

2. 損失のてん補のための資本金の額の減少

　合同会社は、損失のてん補のために、その資本金の額を減少することができる（会社法620条1項）。この規定により減少する資本金の額は、損失

の額として法務省令で定める方法により算定される額を超えることができない（同条2項）。

　合同会社における資本金の額の減少は、①損失のてん補のための資本金の額の減少、②出資の払戻しを行う場合の資本金の額の減少、③社員の退社に伴い持分の払戻しを行う場合の資本金の額の減少、以上の3つに分類することができる。②および③については、次項以降で説明する。合同会社については、他の持分会社とは異なり、資本金の額の減少に際して債権者保護手続が要求されている。債権者保護手続については、後で説明する。なお、合同会社の資本金は、登記事項とされている（会社法914条）。

　条文上「損失のてん補」となっているが、株式会社の場合の損失のてん補（または欠損てん補）とは意味が異なる点に留意が必要である。立法担当者の解説によれば、ここでいう「損失のてん補」は、社員に払戻し可能な財源を回復するという意味以上のものではないと説明されている[81]。まず資本金の額の減少額が資本剰余金の額の増加となる。別途資本剰余金を減少して、利益剰余金を増加させることによって、前期から繰り越された繰越損失を実質的に過去の拠出金をもって埋め合わせる表示上の損失処理を行うことができる[82]。ただし、ここでいう「損失のてん補」は社員に払戻し可能な財源を回復するという意味以上のものではないため、資本剰余金と利益剰余金の合計額がマイナスである場合（かつ資本剰余金はプラスで利益剰余金がマイナスである場合）に、利益剰余金のマイナスに充当しないで、資本剰余金のプラスを増加させるのみであっても、ここでいう「損失のてん補」に含まれる。

　損失のてん補のために減少させることのできる資本金の額は、次の①および②に掲げるいずれか少ない額を上限とする（会社法620条2項、会社

81　相澤哲ほか編著「論点解説　新・会社法」商事法務、P593。
82　相澤哲ほか編著「論点解説　新・会社法」商事法務、P593。

132 第3章 合同会社の会計

計算規則162条)。

---

① 資本金の額を減少する日における資本剰余金および利益剰余金の合計額が
　マイナスであるときの絶対値(資本剰余金および利益剰余金の合計額がプラ
　スの場合はゼロ)
② 資本金の額を減少する日における資本金の額

　この損失のてん補のための資本金の額の減少手続によれば、資本剰余
金と利益剰余金の合計額がマイナスであるときのそのマイナスの額の範
囲で資本金の額を減少させることができる。ただし、②の規定が置かれ
ているため、減少した結果として、資本金の額がマイナスになることは
認められない。

3. 出資の払戻しのための資本金の額の減少
(1) 出資の払戻しのために資本金の額を減少する場合
　合同会社の社員は、出資の払戻しを請求することができる(会社法624
条1項)。合同会社における出資の払戻しは、定款変更により、その出資の
価額を減少する場合を除いて、認められない(会社法632条1項)[83]。
　また、出資払戻額が、①出資払戻しの請求をした日における剰余金額(資
本金の額の減少をした場合は、その減少をした後の剰余金額[84])、②出資の
価額を減少した額、以上のうちいずれか少ない額を超える場合には、当該
出資の払戻しをすることができない(同条2項)。ただし、債権者保護手続
を行うことにより、資本金の額を減少し資本剰余金の額を増加することに

---

[83]　間接有限責任から、定款に記載された出資の価額と社員が実際に履行した出資の価額を一
　致させているため、払戻しによって不一致とならないようにという趣旨からの規制である。
[84]　ここでいう「剰余金額」は、利益剰余金と資本剰余金の合計額と、その払戻しを受ける社
　員の出資について計上されている資本剰余金の額のうちの少ない方の金額である。

より、出資払戻額を増加させることはできる。その場合であっても、出資の払戻しは、払戻しを受ける社員の出資につき計上されている資本剰余金の額を限度とする（会社計算規則32条2項ただし書）。すなわち、利益剰余金から払戻しされることはない。

　定款変更をせずに、または限度額を超えて払い戻した場合は、払戻しに係る業務を執行した社員および払戻しを受けた社員が連帯して、その払戻額に相当する金銭を合同会社に対して支払う義務を負うことになる（会社法633条）。

　合同会社は、出資の払戻しのために、その資本金の額を減少することができる（会社法626条1項）。出資の払戻しにあたって資本金の額を減少することができるのは、出資払戻額が払戻しを受ける社員の出資につき計上されている資本剰余金の額に不足する場合のみである。本来、出資の払戻しは、払戻しを受ける社員の出資につき計上されている資本剰余金の額を財源とするべきであるが、その財源が不足する場合に限り、例外的に資本金の額を減少することができるとされているものと解される。

　出資の払戻しのために減少する資本金の額は、出資払戻額（出資払戻しにより社員に対して交付する金銭等の帳簿価額）から出資の払戻しをする日における剰余金額を控除して得た額を超えてはならないと規定されている（同条2項）。

> 減少する資本金の額 ≦ 出資払戻額 − 出資の払戻しをする日における剰余金額

　ここでいう「剰余金額」は、次の①に掲げる額から、②から④に掲げる額の合計額を減じて得た額であるとされている点に留意する必要がある（会社法626条4項、会社計算規則164条）。

134 第3章 合同会社の会計

---

① 資産の額

② 負債の額

③ 資本金の額

④ 法務省令で定める各勘定科目に計上した額の合計額

　上記④の法務省令で定める各勘定科目に計上した額の合計額は、資産の額から、負債の額、資本金の額および当該社員の出資につき資本剰余金に計上されている額の合計額を減じて得た額であるため（会社計算規則164条1号、2号、3号イ）、剰余金額は、その社員につき計上されている資本剰余金の額ということになる。

　要するに、出資の払戻しを行う場合、その社員につき計上されている資本剰余金を超えて出資払戻しをする場合に、資本金の額の減少を行うことができるという意味になる。当該社員の出資につき資本剰余金に計上されている額があるときは、その資本剰余金を財源としたうえで、その資本剰余金では財源が不足する場合に限って、資本金の額を減少することができるという趣旨の規定である[85]。

　資本金の額の減少について厳格な取扱いが置かれているため、出資の払戻しは、払戻しを受ける社員の出資につき計上されている資本剰余金の額の範囲内で行われることが多い。その場合の仕訳は、次のとおりである。

　　　　　　　資本剰余金　　×××　/　現預金　　×××[86]

85　相澤哲ほか編著「論点解説　新・会社法」商事法務、P597。

86　「第4章　合同会社の税務」の「Ⅴ　出資の払戻しと持分の払戻し」の箇所で説明する税務上のみなし配当に係る源泉所得税の徴収は、捨象している。

出資の払戻しのための資本金の額の減少の上限額

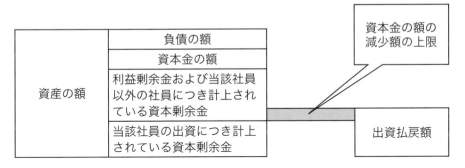

(2) 債権者保護手続

　合同会社の場合、各社員が債権者に対して間接有限責任しか負わないため、資本金の額を減少するときは、株式会社と同様に、債権者保護手続が求められる。合同会社が資本金の額を減少する場合には、債権者保護手続をとる必要がある（会社法627条）。出資の払戻しのための資本金の額の減少の場合に限らず、損失のてん補のための資本金の額の減少の場合も同じである。社員の退社による持分の払戻しのための資本金の額の減少については、別途特則規定が置かれている。それについては、次項で説明する。

　合同会社は、次に掲げる事項を官報に公告し、かつ、知れている債権者には、各別にこれを催告しなければならない。(b)の期間は1ヵ月を下回ってはいけない。

（a）当該資本金の額の減少の内容
（b）債権者が一定の期間内に異議を述べることができる旨

　上記の公告を、官報のほか、定款所定の日刊新聞紙による公告または電子公告によりするときは、各別の催告を省略することができる。

　債権者が、上記（b）の異議申述期間内に異議を述べなかったときは、

当該債権者は、当該資本金の額の減少について承認をしたものとみなす。債権者が異議申述期間内に異議を述べたときは、合同会社は、当該債権者に対し、弁済し、もしくは相当の担保提供をし、または当該債権者に弁済を受けさせることを目的として信託会社等に相当の財産を信託しなければならない。ただし、資本金の額の減少をしても当該債権者を害するおそれがないときは、弁済もしくは担保提供または信託は必要ない。

4. 持分の払戻しのための資本金の額の減少

　合同会社を退社した社員は、相続などによってその社員の一般承継人が社員となる場合を除いて、持分の払戻しを請求できる（会社法611条1項）。合同会社においては、持分の払戻しのために資本金の額を減少する場合には、減少する資本金の額は、持分払戻額から、持分の払戻しをする日における剰余金額を控除した額を超えてはならない（会社法626条3項、会社計算規則164条3号ロ）。

減少する資本金の額 ≦ 持分払戻額 − 持分の払戻しをする日における剰余金額

　剰余金額とは、次の①に掲げる額から②から④までに掲げる額の合計額を減じて得た額をいう（会社法626条4項）。

---

① 　資産の額
② 　負債の額
③ 　資本金の額
④ 　法務省令で定める各勘定科目に計上した額の合計額

---

　④の法務省令で定める額がわかりにくいと思われるが、これは資産の額

から、負債の額および資本金の額ならびに当該社員の出資につき資本剰余金に計上されている額の合計額を減じて得た額である（ただし、持分払戻額から払戻しを受けた社員の出資につき資本金および資本剰余金の額に計上されていた額の合計額を減じた額がプラスの場合は、その額も減じて得た額）（会社計算規則164条、32条2項2号）。

　結果的に、「剰余金額」は、退社する社員の出資につき資本剰余金に計上されている額と、持分の払戻しにより減少する利益剰余金の額の合計額である（会社計算規則164条3号ロ、32条2項2号）。

　例えば下記のケースで、退社した社員に対する持分払戻額が350である場合は、減少する資本金の額は、350マイナス150イコール200以下でなければならない。

資産の額 1,000	負債の額	300	
	資本金の額	400	
	資本剰余金	100	→ うち退社した社員に帰属する額　50
	利益剰余金	200	→ うち退社した社員に帰属する額　100

　上記の例における剰余金額は、退社する社員の出資につき資本剰余金に計上されている額50と、持分の払戻しにより減少する利益剰余金の額100の合計額150であるため、減少する資本金の額は、持分払戻額350から剰余金額150を控除した額200以下でなければならないということになる。

　持分の払戻しに際して、資本金を減少するかしないかはケース・バイ・ケースである。合同会社の場合、各社員に帰属する資本金、資本剰余金という考え方がとられるが、社員の退社により残存社員に帰属する資本金、資本剰余金の額が変わり得るのである。ある社員が退社した場合、債権者保護手続を行わないのであれば資本金は減少せず、当該退社した社員以外に帰属していた資本剰余金、利益剰余金が退社した社員への払戻しに充当

され、他方、退社した社員に資本金として帰属していた額が、残存社員の資本金として移ると考えられる[87]。

　なお、持分の払戻しと法律手続（債権者保護手続の要否等）との関係については、82ページの「(6) 退社に伴う持分の払戻し」を参照されたい。

---

87 「座談会　合同会社の実態と課題（下）」商事法務No.1945、P35（江頭憲治郎）。

Ⅲ 損益の分配と利益の配当

1. 社員の損益分配の割合

　損益分配の割合について定款に定めがない場合は、その割合は、各社員の出資の価額に応じて定める（会社法622条1項）。また、利益または損失の一方についてのみ分配の割合についての定めを定款で定めたときは、その割合は、利益および損失の分配に共通であるものと推定される（同条2項）。

　ここでいう「分配」は、「配布」という意味であり、合同会社の事業活動により稼得した利益または損失を各社員にどのような割合で割り当てるかという意味である。「利益の配当」が現実に分配することを意味するのと意味が異なる。利益が生じた事業年度に利益配当しなければならないわけではなく、利益剰余金として留保しておくことは問題ない。また、損失が生じた事業年度に社員が損失を現実にてん補しなければならないわけではなく、利益剰余金のマイナスとして認識することは問題ない。その場合は、社員の持分が減少するということになる。

　損益分配の割合について定款に定めがないときは、出資の価額に比例させて分配することになるが、定款自治の原則により、損益分配の割合について定款で別段の定めをすることができる。ただし、損益の分配を出資比率と異なる定めとする場合に、その分配割合に経済的合理性が認められないときは、寄附金課税または贈与税課税の問題が生じ得る。課税リスクを避ける観点から、実務上は出資比率に基づく分配割合が一般的である。

　また、利益分配の割合と損失分配の割合を別々に定めることは可能であるが、利益または損失の一方についてのみ定めたときは、その割合は、利益および損失の分配に共通であるものと推定される。さらに、一部の社員が損失の分配を受けない旨の定款の定めは有効であるとする判例がある。

140　第3章　合同会社の会計

　一方、一部の社員が利益の分配をまったく受けないとする定めは、対外的
活動によって得た利益を出資者である社員に分配することを目的とする会
社の営利法人の本質に反することになるから、学説では認められないとす
る[88]。

2.　利益の配当

(1)　利益配当請求権と定款自治

　社員は、合同会社に対し、利益の配当を請求することができる（会社法
621条1項）。合同会社は、利益の配当を請求する方法その他の利益の配当
に関する事項を定款で定めることができる（同条2項）。社員の持分の差押
えは、利益配当請求権に対しても、その効力を有する（同条3項）。社員に
よる配当請求の意思表示が合同会社に到達したときに配当受領権がその社
員に生じ、この時点から消滅時効の期間が開始する[89]。

　合同会社の社員に利益配当請求権が認められることと、利益の配当に関
する事項について定款自治が認められることが規定されている。合同会社
は、会社の内部関係について組合的規律が適用されるため、利益配当につ
いては定款で自由に定めることができる。出資の価額に基づかないで利益
配当を行うことも、社員間で柔軟に取り決めることができる。ただし、こ
の点についても、その出資の価額に基づかない配当に経済的合理性が認め
られない場合には、課税リスクが生じ得る点には留意を要する。

(2)　損益の分配との違い

　会社法においては、利益の配当（会社法621条）と損益の分配（会社法

88　「新基本法コンメンタール　会社法3」(別冊法学セミナー No.201) 日本評論社、P53（青
　竹正一）。
89　森本滋「合同会社の法と実務」商事法務、P201からP202。

622条）が区別されている。損益の分配とは、合同会社の事業活動により稼得された利益がどのように各社員に分配されるかに関するものであり、会社損益の各社員に対する計算上の「配布」という意味であり、実際に払い戻す利益の配当とは異なる。

　会社に利益が計上された場合は各社員の持分が増加し、損失が計上された場合は各社員の持分が減少するが、その都度、社員に利益を配当したり、損失をてん補させたりする必要はない。増減した各社員の持分は、社員の退社または会社の清算のときに現実化する[90]。資本金、資本剰余金、利益剰余金が、計算上、各社員に割り振られていて、事業年度ごとに作成される計算書類により会社の利益または損失の額が確定すると、それは所定の割合で各社員の利益剰余金に分配される[91]。ある社員が退社した場合、債権者保護手続を行わないのであれば、退社した社員に帰属していた資本剰余金および利益剰余金だけでなく、退社した社員以外の社員に帰属していた資本剰余金および利益剰余金が一部退社した社員への払戻金として充当され、退社した社員に資本金として帰属していた額は、残存社員の資本金として移ると解されている[92]。

　利益の配当は、各社員に分配（配布）された利益の払戻しを受ける行為であり、定款に別段の定めがない限り、社員は会社に対して、分配された利益の配当を請求することができる。株式会社の場合、株主総会の決議をしない限り、株主の利益配当請求権が現実の債権とならないのに対して、合同会社の場合、個々の社員が請求した時点で具体的な権利として確定する点が異なっている[93]。

90　「新基本法コンメンタール　会社法3」（別冊法学セミナー No.201）日本評論社、P53（青竹正一）。「会社法コンメンタール14」商事法務、P11（宍戸善一）。
91　「会社法コンメンタール14」商事法務、P12（宍戸善一）。
92　「座談会　合同会社の実態と課題（下）」商事法務No.1945、P35（江頭憲治郎）。
93　「座談会　合同会社の実態と課題（下）」商事法務No.1945、P34（大杉謙一）。

142　第3章　合同会社の会計

　　ただし、利益の配当を請求する方法その他の利益の配当に関する事項を
定款で定めることができると規定されているため（会社法621条2項）、定
款により、社員の過半数の決定により配当を行う旨を定めた場合、あるいは、
業務執行社員の過半数の決定により配当を行う旨を定めた場合は、各社員
は会社に対して配当の支払いを当然には請求できないことになる。

(3) 利益の配当の制限額

　　合同会社の場合、利益の配当額が利益額を超える場合には、利益の配当
をすることができず、会社は社員からの利益配当請求を拒むことができる
（会社法628条）。この場合、定款の定めの内容にかかわらず、社員からの
請求を拒むことができる。

　　ここでいう「利益額」は、次に掲げる金額のうちいずれか少ない額であ
る（会社計算規則163条）。

---

① 　利益の配当をした日における利益剰余金の額
② 　請求した社員に対してすでに分配した利益の額 － （請求した社員に対し
　　てすでに分配された損失の額＋請求した社員に対してすでに配当された額）

---

　　①は、利益剰余金の範囲内であれば会社債権者を害するおそれがないと
いう趣旨である。②は、当該請求した社員に対する額であり、利益配当を
受けた社員の積極持分からすでに交付された配当額を控除した額に相当す
る部分については、その社員が配当を受けても他の社員に影響を与えない
という趣旨である。いずれか少ない額を限度として配当することを認める
ことにより、債権者および他の社員のいずれも害することがないという趣
旨に基づいている。

　　合同会社の場合、株式会社と異なり、利益剰余金を限度に配当できるも

のとされ、資本剰余金は配当財源に含まれない。資本剰余金から払戻しを受ける場合は、出資の払戻しまたは持分の払戻しの手続によることになる。また、株式会社のように純資産額が300万円を下回ってはいけないという規制もない。

(4) 違法配当の場合の責任

　上記の規定に反して、利益の配当をする日における利益額を超える利益の配当を受けた場合は、当該利益の配当を受けた社員は、合同会社に対し、連帯して、当該配当額に相当する金銭を支払う義務を負う（会社法623条1項）。

　また、配当に関する業務を執行した社員も、配当を受けた社員と連帯して会社に対する支払義務を負うことになる。ただし、当該業務執行社員がその職務を行うについて注意を怠らなかったことを証明した場合は、義務を負わない（会社法629条1項）。また、利益の配当をした日における利益額を限度として支払義務を免除することについて総社員の同意がある場合は、免除される（同条2項）。

　合同会社が違法配当をした場合、利益の配当を受けた社員は、配当額が利益の配当をした日における利益額を超えることにつき善意であるときは、当該配当額について、当該利益の配当に関する業務を執行した社員からの求償の請求に応ずる義務を負わない（会社法630条1項）。株式会社の規定（会社法463条1項）と同様の取扱いである。

　違法配当について支払義務を履行した業務執行社員は、民法500条（法定代位）に基づいて配当を受けた社員に対して求償権を行使できるが、業務執行社員が自己の責任ある行為に基づき善意の社員にまで求償できるとすることは不適切である。その観点から置かれている規定である。

　また、合同会社が違法配当をした場合、合同会社の債権者は、利益の配

当を受けた社員に対し、配当額（当該配当額が当該債権者の合同会社に対して有する債権額を超える場合にあっては、当該債権額）に相当する金銭を支払わせることができる（会社法630条2項）。これも、株式会社の規定（会社法463条2項）と同様の取扱いである。

(5) 期末の欠損てん補責任

　合同会社が利益の配当をした場合において、当該利益の配当をした日の属する事業年度の末日に欠損額が生じたときは、当該利益の配当に関する業務を執行した社員は、当該合同会社に対し、当該利益の配当を受けた社員と連帯して、その欠損額（当該欠損額が配当額を超えるときは、当該配当額）を支払う義務を負う。ただし、当該業務を執行した社員がその職務を行うについて注意を怠らなかったことを証明した場合は、支払義務を負わない（会社法631条1項）。また、この義務は、総社員の同意がなければ、免除することができない（同条2項）。

　利益の配当をした時点では問題なくても、利益の配当をした日の属する事業年度の末日に欠損額が生じたときに、原則として、当該利益の配当に関する業務を執行した社員と当該利益の配当を受けた社員が連帯して支払義務を負うことになる。

　上記の「欠損額」は、合同会社の欠損の額として法務省令で定める方法により算定される額をいい、次の①に掲げる額から②および③に掲げる額の合計額を減じて得た額（ゼロ未満のときはゼロ）である（会社計算規則165条）。

①　その事業年度の末日における資本剰余金と利益剰余金の合計額がマイナスであるときのその絶対値
②　その事業年度に係る当期純損失の額
③　その事業年度に持分の払戻しがあった場合の持分払戻額から払戻しをした日における利益剰余金および資本剰余金の額の合計額を減じて得た額（ゼロ未満のときはゼロ）

②を減ずるのは、違法な配当を受けた社員も責任を負うため、当期の損失は配当を受けた社員が負うべき性質ではないからである。要するに、前期末の剰余金がマイナスであるにもかかわらず、当期の利益でカバーできると誤って判断して配当したような場合のみ、この責任が生じるのであって、株式会社における欠損てん補責任（会社法465条）とは内容が異なっている。

また、③を減ずるのは、退社による持分の払戻しにおいて、資本剰余金と利益剰余金の合計額よりも多額な財産が払い戻されるため、これにより生じた欠損も、利益の配当に関する業務を執行した社員や配当を受けた社員が責任を負うべき性質ではないからである[94]。

(6)　会計処理

利益の配当を行った場合、利益剰余金の減少として会計処理する（会社計算規則32条2項4号）。利益の配当により払い戻した財産の帳簿価額に相当する額は、資本剰余金の額からは控除しないと規定されている（同規則31条2項ただし書）。

94　相澤哲ほか「電磁的方法・電磁的記録、設立、清算、持分会社、電子公告」旬刊商事法務 No.1770、P13。

146　第3章　合同会社の会計

利益剰余金	×××　／　現預金	×××
	預り金	×××

（注）預り金は、源泉徴収した所得税額である。

（7）定款自治の重要性

　定款では、利益の配当をする時期、回数、配当する財産の種類や額など、総社員の同意により自由に定めることができる。株式会社と同様に、事業年度中、いつでも何回でも利益の配当をすることができると定めることも可能である。また、利益の配当は、その事業年度に社員であった者に対して行うのが通常であるが、事業年度終了後に新たに社員になった者に対して利益の配当をする旨を定款に定めることもできる。

　社員がいつ利益の配当を請求できると定めるかは、合同会社を投資ファンドなどで活用する場合に重要となる。社員がいつでも利益の配当を請求できるのでは、投資ファンドの運営が困難になるおそれがあるからである。次の例のように、社員の過半数の決定により効力発生日を定める旨を定款に規定することが考えられる。この場合は、株式会社と実質同様の規律になる[95]。

定款の記載例

（利益の配当）
第○条
利益の配当をしようとするときは、①配当財産の種類及び帳簿価額の総額、②社員に対する配当財産の割当てに関する事項、③当該利益の配当がその効力を生じる日を、社員の過半数をもって定める。
また、社員は、上記で定めた場合を除き、利益の配当を請求することができない。

95　「座談会　合同会社の実態と課題（下）」商事法務No.1945、P34（新家寛）。

Ⅳ 出資の払戻し、持分の払戻し

1. 出資の払戻し

(1) 出資払戻請求権

　社員は、合同会社に対し、すでに出資として払込みまたは給付をした金銭等の払戻し（「出資の払戻し」という）を請求することができる。この場合、その金銭等が金銭以外の財産であるときは、その財産の価額に相当する金銭の払戻しを請求することができる（会社法624条１項）。

　合同会社については、別途特則規定が設けられており、定款変更により出資の価額を減少する場合を除いて、出資払戻請求をすることができないとされている。合同会社の社員は、合同会社の設立時に、その出資に係る金銭の全部の払込みまたは金銭以外の財産の全部の給付をしなければならないとされており（いわゆる「全額払込主義」、会社法578条本文）、定款で定めた出資の価額と社員が履行した出資の価額は当然に一致している。出資の払戻しによって、定款で定めた出資の価額と社員が履行した出資の価額が一致しなくなることがないように、定款の変更を義務づけているのである。それは、合同会社の社員が間接有限責任しか負わないために、出資の価額が債権者にとっての唯一の責任財産となるからである。

　また、合同会社は、出資の払戻しを請求する方法その他の出資の払戻しに関する事項を定款で定めることができる（会社法624条２項）。

　社員の持分の差押えは、出資の払戻しを請求する権利に対しても、その効力を有する（同条３項）。

(2) 出資の払戻しの性質

　出資の払戻しにより払い戻すことができるのは、社員がすでに出資として払込みまたは給付をした財産に限定される。払込資本（資本金と資本剰

余金）が原資となるという意味であり、利益剰余金を原資にすることはできない。利益の配当と内容が異なるのは当然として、社員の地位を継続したまま財産の払戻しを受けるという点において、退社による持分の払戻しとも内容は異なる。

(3) 資本金の減少額に係る制限

出資の払戻しの場合、出資した金銭の範囲内で払戻しが行われるため、払戻しを受ける社員につき計上されている資本金・資本剰余金の額が減少することになる。出資の払戻しによって、利益剰余金は減少しない（会社計算規則32条2項ただし書）。

出資の払戻しにより減少する資本金の額は、出資払戻額（合同会社が出資払戻しにより社員に対して交付する金銭等の帳簿価額）から出資の払戻しをする日における剰余金額を控除して得た額を超えてはならない（会社法626条2項）。

剰余金額は、資産の額から、負債の額、資本金の額および法務省令で定める各勘定科目に計上した額の合計額を減じて得た額であるが（会社法626条4項）、この場合の剰余金額とは、その社員の出資につき資本剰余金に計上されている額となる（会社計算規則164条3号イ）。

(4) 出資の払戻しに係る制限

合同会社が出資の払戻しにより社員に対して交付する金銭等の帳簿価額（出資払戻額」）が、出資の払戻しの請求をした日における剰余金額（資本金の額の減少をした場合は、その減少をした後の剰余金額）または定款の変更により出資の価額を減少した額のいずれか少ない額を超える場合には、当該出資の払戻しをすることができない。この場合においては、合同会社は、出資の払戻しの請求を拒むことができる（会社法626条2項）。

ここでいう「剰余金額」は、次に掲げる①または②のいずれか少ない額である（会社計算規則164条3号ハ）。

> ①　出資の払戻しの請求に応じて出資の払戻しをした日における利益剰余金と資本剰余金の額の合計額
> ②　当該社員の出資につき資本剰余金に計上されている額

　上記の①が規定されているのは、利益剰余金と資本剰余金の額の合計額の範囲内であれば会社債権者を害するおそれがないという趣旨である。②は、当該請求した社員の出資につき資本剰余金に計上されている額であり、その社員が出資の払戻しを受けても他の社員に影響を与えないという趣旨である。いずれか少ない額を限度として払戻しをすることを認めることにより、債権者および他の社員のいずれも害することがないということになる。

(5) 会計処理

　資本金の額を減少する場合は、債権者保護手続が必要である（会社法627条）。そのため、出資の払戻しをするときは、まず出資の払戻しをする社員につき計上されている資本剰余金を減少する。

　資本剰余金の減少額を超えて出資の払戻しをするときに、その超過部分について、債権者保護手続を経たうえで資本金の額を減少させることになる（会社計算規則30条2項2号）。資本金の額の減少について厳格な取扱いが置かれているため、出資の払戻しは、払戻しを受ける社員の出資につき計上されている資本剰余金の額の範囲内で行われることが多い。

150 第3章 合同会社の会計

```
資本剰余金        XXX   /   現預金      XXX
                       または
資本金           XXX   /   現預金      XXX
資本剰余金        XXX   /
（注）みなし配当に係る源泉徴収税額は捨象している。
```

2. 持分の払戻し

（1）退社による持分の払戻し

　社員の退社により、合同会社と退社した社員との間で財産関係の処理が行われる。退社した社員は、その出資の種類を問わず、その持分の払戻しを受けることができる。退社した社員と合同会社との間の計算は、退社の時における合同会社の財産の状況に従って行われなければならない。

　持分に相当する財産の額は、退社した社員が過去に履行した出資額と、その社員に帰属している損益の額の合計額である。

（2）債権者保護手続

　持分払戻額≦剰余金額[96]である場合は、通常の利益の配当等と同様であるから、特段の手続なしに払戻し可能である。

　退社した社員に対する持分の払戻しに際して債権者保護手続が必要となるのは、①剰余金額＜持分払戻額≦簿価純資産額のケース、および②簿価純資産額＜持分払戻額のケースである。ただし、特に簿価純資産額＜持分払戻額のケースにおいては、清算に準じたより厳格な債権者保護手続が必要である。

96　ここでいう「剰余金額」は、資本剰余金と利益剰余金の合計額である。

① 剰余金額＜持分払戻額≦簿価純資産額のケース

　持分払戻額が剰余金額を超えるということは、持分払戻額が資本剰余金プラス利益剰余金の合計額を超えるという意味である。ということは、資本金の額をゼロまでの範囲内で減少したうえで払戻しを行うことと同様であることから、資本金の額の減少を伴う出資の払戻しの場合（退社に伴う持分の払戻しではない、通常の出資の払戻しの場合）と同様の債権者保護手続（会社法627条）が求められるのみである。具体的には、次のとおりである（会社法635条）。

　合同会社は、次に掲げる事項を官報に公告し、かつ、知れている債権者には、各別にこれを催告しなければならない。（ⅱ）の期間は1ヵ月を下回ってはいけない。

（ⅰ）当該剰余金額を超える持分の払戻しの内容
（ⅱ）債権者が一定の期間内に異議を述べることができる旨

　上記の公告を、官報のほか、定款所定の日刊新聞紙による公告または電子公告によりするときは、各別の催告を省略することができる。

　債権者が、上記（ⅱ）異議申述期間内に異議を述べなかったときは、当該債権者は、当該持分の払戻しについて承認をしたものとみなす。債権者が異議申述期間内に異議を述べたときは、合同会社は、当該債権者に対し、弁済し、もしくは相当の担保提供をし、または当該債権者に弁済を受けさせることを目的として信託会社等に相当の財産を信託しなければならない。ただし、持分払戻額が当該合同会社の純資産額として法務省令で定める方法により算定される額を超えない場合において、当該持分の払戻しをしても当該債権者を害するおそれがないときは、弁済もしくは担保提供または信託は必要ない。

152 第3章 合同会社の会計

② 簿価純資産額＜持分払戻額のケース

会社の貸借対照表上の純資産額は、原則として取得原価を資産に付すなど、帳簿価額で算定されるが、持分の払戻しにより払い戻すべき額は、その会社の現在価値であるから、資産等は時価で評価され、将来収益を含む、いわゆる「自己のれん」も、その算定の基礎となる。そのため、持分払戻額が簿価純資産額を超える場合もあり得る[97]。

簿価純資産額を超えて会社財産が社員に払い戻されるケースは、退社の場合を除くと、会社の清算の場合である。したがって、このケースにおいては、清算に準じた債権者保護手続を経ることにより、払い戻すことが認められる。

清算に準じた債権者保護手続は、前項で説明した通常の債権者保護手続と次の３点において異なる。

・異議申述期間は１ヵ月ではなく２ヵ月である。
・公告方法のいかんを問わず、知れている債権者に対する個別催告を省略できない（会社法635条３項ただし書）。
・異議を述べた債権者に対しては、「債権者を害するおそれがない」という抗弁は許されず、必ず個別の弁済、担保提供等をしなければならない（会社法635条５項ただし書）。

---

(3) 会計処理

合同会社の社員が退社し、その社員に持分の払戻しをする場合、その社員の出資につき資本剰余金に計上されていた額は減少する。

また、持分払戻額からその社員の出資につき資本金および資本剰余金の額に計上されていた額の合計額を減じて得た額がプラスの場合（＝その社

---

97 相澤哲編著「立案担当者による 新・会社法の解説」、別冊商事法務No.295、P165。

員に帰属する利益剰余金がプラスの場合）は、その差額につき利益剰余金が減少し、その社員の出資につき資本金および資本剰余金の額に計上されていた額から持分払戻額を減じて得た額がプラスの場合（＝その社員に帰属する利益剰余金がマイナスの場合）は、その差額につき利益剰余金が増加する。

| 資本剰余金 | ××× | / | 現預金 | ××× |
| 利益剰余金 | ××× | / | 預り金 | ××× |

（注）預り金は、源泉徴収した所得税額である（以下同様）。

または

資本剰余金	×××	/	現預金	×××
		/	利益剰余金	×××
		/	預り金	×××

　その社員の出資につき資本金の額に計上されていた額は、債権者保護手続をとらない限り、減少しない。資本金を減少するかしないかはケース・バイ・ケースである。したがって、債権者保護手続をとらず、資本金の額が減少しなかった場合は、当該退社した社員以外に帰属していた資本剰余金、利益剰余金が退社した社員への払戻しに充当されることになる。その場合は、退社した社員に資本金として帰属していた額が、残存社員の資本金として移る[98]。

98　「座談会　合同会社の実態と課題（下）」商事法務No.1945、P35（江頭憲治郎）。

第4章

合同会社の税務

Ⅰ 合同会社の税法上の取扱い

　合同会社は法人格を有するため、その課税所得の計算および税額の計算について内国法人として法人税法の適用を受ける（法法2条3号、4条1項）。その点は、株式会社と同様である。したがって、各事業年度終了の日の翌日から2ヵ月以内に、確定した決算に基づいて法人税の確定申告書を提出する必要がある（法法74条1項）。

　確定申告書には、貸借対照表、損益計算書、社員資本等変動計算書、勘定科目内訳明細書、事業等の概況に関する書類（当該内国法人との間に完全支配関係がある法人との関係を系統的に示した図を含む）を添付する必要がある（法規35条）。当該合同会社との間に完全支配関係がある法人が存在する場合に、出資関係を表す系統図を含む点も、株式会社の場合と変わりはない。

　利益の配当を行った場合に、その処分表を添付することになる。また、当該事業年度終了の日の翌日から当該事業年度に係る決算の確定の日までの間に行われた剰余金の処分の内容について、計算書類または処分表に記載がないときはその内容も添付が必要である。

　そのほか、合併、会社分割、現物出資または現物分配などの組織再編が行われているときは、合併契約書、分割契約書、分割計画書その他これらに類するものの写し、組織再編成により当該組織再編成に係る合併法人、分割承継法人、被現物出資法人もしくは被現物分配法人に移転した資産、負債その他主要な事項または当該組織再編成に係る被合併法人、分割法人、現物出資法人もしくは現物分配法人から移転を受けた資産、負債その他主要な事項に関する明細書の添付が必要となる点も株式会社と同様である。

Ⅱ 合同会社の社員に係る税務

1. 役員給与（業務執行社員の業務執行の対価）に係る税務

（1）業務執行社員の給与に係る損金算入要件

　合同会社の業務執行社員は、法人税法上の役員である（法法2条15号、法令7条1号）。

　また、合同会社の業務執行社員は、使用人兼務役員になることができない（法法34条5項、法令71条1項3号）。したがって、合同会社の業務執行社員に支給する給与は、全額が役員給与となる点に留意する必要がある。

　そのため、合同会社の業務執行社員に対して支給する給与については、定期同額給与、事前確定届出給与または業績連動給与のいずれかに該当しない限り、損金不算入となる（法法34条1項）。このうちの業績連動給与については、有価証券報告書提出会社でないと要件を満たさないと規定されているが（法法34条1項3号イ）、有価証券報告書を提出する合同会社は、資産の流動化の事例、投資ファンドの事例など極めて少数の事例が見られるだけである。したがって、定期同額給与または事前確定届出給与のいずれかの類型により損金算入要件を満たすケースがほとんどかと思われる。また、これらの類型のいずれかに該当する場合であっても、不相当に高額であると認められる部分の金額は、過大役員給与として損金不算入となる（法法34条2項）。

　なお、社員の一部を業務執行社員とする場合に、経営に従事している実態がなく単なる出資者の立場と変わらない非業務執行社員に役員給与を支給した場合は、全額損金不算入になると考えられる。そのような社員は、利益または損失の分配を受ける立場でしかない。

(2) 不相当に高額な部分等

　株式会社の場合と同様に、不相当に高額な部分もしくは事実を隠蔽し、または仮装して支給した部分は、損金の額に算入しない（法法34条2項、3項）。

　不相当に高額な部分（過大給与の部分）については、損金不算入とされるのは当然であり、職務執行の対価として相当と認められる額を超える部分は、損金不算入とされる。

　不相当に高額な部分であるかどうかの判断について、税法上2つの基準が定められている。第1に、役員給与の額がその職務内容等（①その役員の職務の内容、②その法人の収益およびその使用人に対する給料の支給の状況および③その法人と同種の事業を営む法人でその事業規模が類似するものの役員に対する報酬の支給の状況等）からみて役務提供の対価として不相当に高額であるかどうか、第2に、役員給与の額が定款の規定または株主総会決議による役員給与の限度額を超えているかどうかである。前者が実質的基準であり、後者が形式的基準である（法令70条1号イ、ロ）。

　株式会社の場合、不相当に高額であるかどうかの判定における形式基準については、株主総会で決議した報酬限度額を超えないかどうかにより判定するが（法令70条1号ロ）、合同会社の場合は、社員総会という機関の定めがない。そのため、社員の過半数の同意により決定したのであれば、その決定の事実を書面により残しておくことが考えられる。様式は特にないため、決定した日時、決定した内容などを適宜まとめて、記名押印する対応が考えられる。

(3) 法人社員の業務執行者の取扱い

　法人が社員となるときは、その法人社員は個人の業務執行者を選任し、その者の氏名および住所を他の社員に通知しなければならない（会社法598

条1項)。

　法人社員が選任した業務執行者の給与をどのように定めるのかであるが、合同会社が法人社員に給与を支払ったうえで、その法人社員が職務施行者に給与を支給する方法が一般的である。ただし、合同会社が法人社員の職務執行者に直接給与を支払う方法も認められるとする見解もみられる[99]。なお、合同会社が法人社員に支払う給与は、利益相反取引に該当するため、他の社員の過半数により決定することになる。

　税法上、法人社員が役員に該当するため、合同会社が支払う給与は役員給与に該当する。したがって、定期同額給与、事前確定届出給与または業績連動給与（レアケース）のいずれかの要件を満たさないと、損金不算入になると考えられる。

　なお、合同会社が法人社員に給与を支給する場合は、所得税の源泉徴収義務は生じない。また、法人社員が合同会社から支給を受ける給与の消費税法上の取扱いであるが、その金員の性格が雇用契約等に基づく労務提供に係る対価ではなく、役務提供に係る対価であると考えられることから、課税取引に該当し、合同会社において課税仕入れに該当すると解される。

2.　社員の加入に係る税務

　社員が加入するケースとしては、出資払込みにより加入する場合と、既存の社員の持分の譲受けにより加入する場合がある。

（1）出資払込みによる場合

①　合同会社の税務

　金銭の払込みにより社員が新たに加入する場合、出資の払込みを受け

99　「座談会　合同会社の実態と課題（下）」商事法務No.1945、P28（大杉謙一）。

る合同会社においては、払い込まれた金銭の額について資本金等の額が増加する（法令8条1項1号）。資本等取引であり、課税関係は原則として生じない。

　「第3章　合同会社の会計」で解説したように、払込金額のうちのいくらを資本金とし、残りいくらを資本剰余金とするかその内訳は自由であるが、税務上は資本金であれ資本剰余金であれ、資本金等の額である点は同じである。法人税申告書別表5（1）の「資本金等の額の計算に関する明細書」の当期の増減の増加欄に記載されることにより、資本金等の額の増加が表される。

　また、現物出資による場合は、適格現物出資であるときは現物出資資産の帳簿価額相当額について資本金等の額が増加するが、それ以外の場合は現物出資資産の時価相当額について資本金等の額が増加する。

②　社員の税務

（ⅰ）払込金額が時価相当額を下回る場合

　出資による払込みの場合、その払込金額が時価相当額なのかどうかが問題となる。

　出資に係る払込金額が時価相当額である場合は、新たに加入する社員および既存の社員には利益も不利益も生じないため、課税関係は基本的に生じないと考えられる。

　一方、出資に係る払込金額が時価相当額と比較して低い（有利である）ときは、時価相当額と払込金額との差額について払い込んだ社員に経済的利益が生じる。

　有利な価額で出資の払込みをした者が法人であるときは、有利発行により取得した有価証券の取得価額は、有価証券の取得の時におけるその有価証券の取得のために通常要する価額（時価）であるとされ（法令119

条1項4号）、時価相当額と実際の取得価額との差額が受贈益として認識される。

　有利な価額で出資の払込みをした者が個人であるときは、払込期日における時価から払込金額を控除した差額が収入金額とみなされ、原則として所得税の課税対象となる（所法36条2項、所令84条5号）。所得税の課税対象となるときに、課税所得区分がどのようになるかであるが、原則として一時所得となる。ただし、当該発行法人の役員または使用人に対しその地位または職務等に関連して有利な価額で出資を引き受ける権利が与えられたと認められるときは給与所得とし、これらの者の退職に基因して新株を取得する権利が与えられたと認められるときは退職所得とされる（所基通23〜35共-6）。

　ただし、同族会社である合同会社において、合同会社の新たに社員となる者が、既存の社員の親族等（親族その他相続税法施行令31条に定める特別の関係がある者）に該当するときは、贈与により経済的利益を供与されたと考えられるため、所得税ではなく贈与税の課税が優先して適用されるものと考えられる（相法9条、相基通9-4）。

　なお、その合同会社の時価純資産価額に見合った払込みを行う前提であれば、払込価額が時価となり、原則として有利発行の規定は働かないものと考えられる。

（ⅱ）有利な払込金額

　税務上、「有利な払込金額」とは、その出資の価額を決定する日の現況における発行法人の出資の価額（時価）に比べて、社会通念上相当と認められる価額を下回る価額のことである（法基通2-3-7、所基通23〜35共-7）。社会通念上相当と認められる価額を下回るかどうかは、時価と払込金額の差額が時価のおおむね10％相当額以上であるかどうかによ

り判定する（同通達の（注）１）。

(2) 持分の譲渡による場合

　社員が加入する場合として、既存の社員の持分を譲り受けることにより、新たな社員となる場合がある。持分の時価相当額での譲渡であれば、既存の社員および新たな社員の双方について、利益も不利益も生じないことから、持分を譲渡した社員における譲渡益課税の問題が生じ得るのみであり、それ以外の課税関係は基本的に生じない。

　一方、低額譲渡および高額譲渡であるときは、課税関係が生じる点に留意が必要である。低額譲渡の場合、既存社員が不利益を被り、新社員が利益を享受する実態になる。逆に、高額譲渡の場合、既存社員が利益を享受し、新社員が不利益を被る実態になる。

①　低額譲渡の場合

　第１に、個人の社員間の譲渡の場合、両者が親族等の関係にあるときは、時価相当額と譲渡対価との差額に相当する利益を得た新社員について贈与税課税の問題が生じ得る。その場合の時価は財産評価基本通達に定める時価であると考えられる。一方、譲渡した既存社員については、譲渡対価と出資の取得価額との差額が譲渡所得のプラスまたはマイナスとなる。なお、譲渡対価が時価の２分の１未満である場合は、その譲渡損失はないものとみなされる（所法59条２項）。

　第２に、法人の社員間の譲渡の場合、時価により譲渡したものとして処理する。譲渡した既存社員については、その出資の帳簿価額と時価相当額との差額が譲渡損益として認識され、かつ、時価相当額と譲渡対価との差額が寄附金として認定対象になる。また、新社員においては時価相当額と譲渡対価との差額に相当する利益が受贈益の認定対象になる。

Ⅱ 合同会社の社員に係る税務　163

　第3に、個人社員から法人社員への低額譲渡の場合、個人社員におい
て譲渡対価を収入金額とする所得税課税が生じる。このとき譲渡対価が
時価の2分の1を下回るときは、時価により譲渡したものとみなされる
（所法59条1項2号）。一方、法人社員については、時価相当額と譲渡対
価との差額が受贈益として認定対象となる。
　第4に、法人社員から個人社員への低額譲渡の場合、時価で譲渡があっ
たものとして取り扱われる。譲渡した法人社員については、時価相当額
と出資の帳簿価額との差額が譲渡損益となり、時価相当額と譲渡対価と
の差額について寄附金または給与として認定対象になる。一方、譲り受
けた個人社員については、時価相当額と譲渡対価との差額に相当する利
益について、一時所得または給与所得として課税される。

取引のパターンごとの課税関係（低額譲渡の場合）

取引のパターン （譲渡者→譲受者）	既存社員（譲渡者）	新社員（譲受者）
個人→個人	譲渡対価と出資の取得価額との差額を譲渡所得とする所得税の課税対象になる。	時価相当額と譲渡対価との差額が贈与税の課税対象になる。
法人→法人	出資の帳簿価額と時価相当額との差額が譲渡損益、かつ、時価相当額と譲渡対価との差額が寄附金として認定対象になる。	時価相当額と譲渡対価との差額が受贈益として認定対象になる。
個人→法人	譲渡対価を収入金額とする所得税の課税	時価相当額と譲渡対価との差額が受贈益として認定対象となる。
法人→個人	時価相当額と出資の帳簿価額との差額が譲渡損益となり、かつ、時価相当額と譲渡対価との差額について寄附金または給与として認定対象になる。	時価相当額と譲渡対価との差額に相当する利益について、一時所得または給与所得として所得税の課税対象になる。

②　高額譲渡の場合

　第1に、個人の社員間の高額譲渡の場合、両者が親族等の関係にある
ときは、時価相当額と譲渡対価との差額に相当する利益を得た既存社員
について贈与税課税の問題が生じる。一方、譲り受けた新社員については、
課税関係は生じない。

　第2に、法人の社員間の高額譲渡の場合、時価により譲渡したものと
して処理する。既存社員において時価相当額と出資の帳簿価額との差額
が譲渡損益となり、かつ、譲渡対価と時価相当額との差額に相当する利
益が受贈益の認定対象になる。一方、譲り受けた新社員については、出
資の取得価額を実際の取得価額ではなく時価相当額により計上し、その
譲渡対価と時価相当額との差額が寄附金として認定対象になる。

　第3に、個人社員から法人社員への高額譲渡の場合、時価により譲渡
したものとして処理する。時価相当額と譲渡対価との差額に相当する利
益を得た個人社員は、時価相当額と譲渡対価との差額について一時所得
または給与所得として課税対象になる。一方、譲り受けた法人社員につ
いては、出資の取得価額を譲渡対価ではなく時価相当額により計上し、
その譲渡対価と時価相当額との差額が寄附金または給与として認定対象
になる。

　第4に、法人社員から個人社員への高額譲渡の場合、時価で譲渡があっ
たものとして取り扱われる。譲渡した法人社員については、時価相当額
と出資の帳簿価額との差額が譲渡損益となり、かつ、譲渡対価と時価相
当額との差額について、受贈益が認定される。一方、個人社員については、
課税関係は生じない。

取引のパターンごとの課税関係（高額譲渡の場合）

取引のパターン （譲渡者→譲受者）	既存社員（譲渡者）	新社員（譲受者）
個人→個人	時価相当額と譲渡対価との差額について贈与税の課税対象になる。	課税関係は生じない。
法人→法人	時価相当額と出資の帳簿価額との差額が譲渡損益となり、かつ、譲渡対価と時価相当額との差額に相当する利益が受贈益の認定対象になる。	取得価額を時価相当額とし、譲渡対価と時価相当額との差額が寄附金として認定対象になる。
個人→法人	時価相当額と譲渡対価との差額について一時所得または給与所得として課税対象になる。	取得価額を時価相当額とし、譲渡対価と時価相当額との差額が寄附金または給与として認定対象になる。
法人→個人	時価相当額と出資の帳簿価額との差額が譲渡損益となり、かつ、譲渡対価と時価相当額との差額について、受贈益が認定される。	課税関係は生じない。

(3) 時価の取扱い

　社員の持分を譲渡するときに、時価と異なる価額で譲渡したときに、課税関係が生じ得るため、その出資持分の時価が問題となる。基本的には、贈与税課税が行われるときは相続税法、所得課税が行われるときは所得税法、法人税課税が行われる場合には法人税法の通達の取扱いに基づいて判断される。

　相続税法においては、財産評価基本通達194（持分会社の出資の評価）に示されているように、取引相場のない株式と同様の評価による。出資持分の属性に応じて、原則的評価方法または特例的評価方法による評価がされる。

所得税法においては、合同会社の出資持分について株式等と同様に評価される。直近において売買実例がなく、公開途上になく、類似会社比準価額が得られない場合がほとんどであり、結果として純資産価額を参酌して通常取引されると認められる価額により評価するケースが多い（所基通23〜35共−9（4）ニ）。その場合は、一定の条件付で財産評価基本通達における取引相場のない株式の評価方法の例により算定した価額が使われる（所基通59−6）。

法人税においては、合同会社の出資持分は有価証券に準ずるものとして取り扱われる（法令11条3号）。直近において売買実例がなく、公開途上になく、類似会社比準価額が得られない場合がほとんどであり、結果として純資産価額を参酌して通常取引されると認められる価額により評価するケースが多い（法基通9−1−13）。その場合は、課税上弊害がない限り、一定の条件付で財産評価基本通達における取引相場のない株式の評価方法の例により算定した価額を用いることが許容される（法基通9−1−14）。

Ⅲ 損益の分配・利益の配当に係る税務

1. 損益の分配に係る税務

(1) 利益配当請求権の発生時期

　会社損益の社員に対する分配と、社員に分配された利益に相当する会社財産を利益の配当として現実に社員に払い戻すことは、区別して規定されている。「会社損益の社員に対する分配」とは、会社損益の社員に対する計算上の「配布」という意味であり、実際に払い戻す利益の配当とは異なる点に留意する必要がある。

　会社に利益が計上された場合は各社員の持分が増加し、損失が計上された場合は各社員の持分が減少するが、その都度、社員に利益を配当したり、損失をてん補させたりする必要はない。増減した各社員の持分は、社員の退社または会社の清算のときに現実化する[100]。

　計算書類の確定と同時に利益配当請求権が発生するわけではなく、その時点で配当課税がされることはない。配当をいついくら受領できるかは、会社法621条に基づく定款の定めによる。その定款の定めによって、各社員が請求できることとなったとき、または、請求して現に受領したときに配当課税の問題が生じる。配当に係る社員の決定において、その効力発生日も併せて定めるように定款の定めをしておけば、配当課税の時期も明確になる。

(2) 損益の分配割合を出資の価額に応じない定款の定めをする場合

　利益の分配または損失の分配について出資の価額に応じない定款の別段の定めをした場合に、その割合に経済的合理性が認められないときに、社

---

100 「新基本法コンメンタール　会社法3」(別冊法学セミナー No.201) 日本評論社、P53 (青竹正一)。「会社法コンメンタール14」商事法務、P11 (宍戸善一)。

168　第4章　合同会社の税務

員間の利益の移転に係る課税関係が生じ得ると考えられる。

　例えば共同販売事業で合同会社を用いる場合、各社員の販売実績に応じて各社員に利益の分配をすることが合理的であると考えられるケースにおいて、販売実績を数値化し、その数値の割合に基づいて利益の分配をする方法には、一定の合理性があると認められる場合はあると考えられる。そのように、社員同士が利害の対立する関係であり、損益分配割合に一定の経済的合理性が認められる場合には、寄附金課税の問題は生じないと考えられる。

(3) 利益剰余金のマイナスをてん補した場合

　合同会社に損失が生じた場合、当期純損失が利益剰余金のマイナスとなる[101]。このマイナスの利益剰余金を資本剰余金でてん補することは可能である。もちろんマイナスのまま繰り越すことも認められる。プラスの資本剰余金でマイナスの利益剰余金をてん補した場合は、税務上は同じ社員資本の中での振替に過ぎず、利益積立金額にも資本金等の額にも変動は生じないため、法人税申告書別表5（1）上の申告調整が必要になる。

　設例　資本剰余金の減少により利益剰余金のマイナスをてん補した場合の処理

前提条件

　資本剰余金を500減少し、同額の利益剰余金のマイナスをてん補した場合の会計処理と申告書別表の取扱いを示しなさい。なお、資本剰余金の期首金額は800であったとする。

101　税務上、青色申告法人である場合は、税務上の欠損金を青色欠損金として10年間（平成30年3月31日以前に開始する事業年度において生じた欠損金については9年間）繰り越すことができる。

解 答

会計上の仕訳は次のようになる。

資本剰余金 　500 ／ 利益剰余金 　500

　税務上は、同じ社員資本の中での振替に過ぎず、仕訳なし（利益積立金額および資本金等の額の双方とも変動なし）である。次のように申告調整を行う。

別表5（1）　利益積立金額および資本金等の額の計算に関する明細書

| 区　　分 | 期首現在利益積立金額 | 当期の増減 | | 差引翌期首現在利益積立金額①－②＋③ |
| | | 減 | 増 | |
	①	②	③	④
I　利益積立金額の計算に関する明細書				
利益準備金				
積立金				
資本金等の額			△ 500	△ 500
繰越損益金	△ 500	△ 500	X X	X X

（注）会計上は、利益剰余金が500増加する（マイナス500がてん補される）ため、繰越損益金の増加欄に記載する数字は500増加する（マイナスが500減少する）が、税務上は利益積立金額に変動は生じない。そのため、利益積立金額と資本金等の額との間の振替調整（プラス・マイナス500）を入れ、利益積立金額は変動しないことを表す。

170 第4章 合同会社の税務

II 資本金等の額の計算に関する明細書				
区　分	期首現在資本金等の額	当期の増減		差引翌期首現在資本金等の額
		減	増	
資本金または出資金	×××			×××
資本準備金				
資本剰余金	800	500		300
利益積立金額			500	500

(注) 利益積立金額との間で500の振替調整が入ることによって、資本金等の額にも変動が生じないことが表される。

2. 利益の配当に係る税務

　利益の配当は、社員に分配（配布）された損益について、払い戻す手続である。合同会社の社員は、利益の配当を請求することができる（会社法621条1項）。合同会社の場合、利益の配当を請求する方法その他の利益の配当に関する事項については、定款で自由に定めることができる（同条2項）。

　利益の配当を受けた社員が法人である場合は、その受取配当金は益金の額に算入されるが、受取配当等の益金不算入規定の適用を受けることができる。

　一方、利益の配当を受けた社員が個人である場合は、配当所得に係る収入金額となる。総合課税を選択した場合は配当控除の適用はあるが、申告分離課税を選択した場合は配当控除の適用はない。

Ⅳ 資本金の額の減少に係る税務

1. 資本金の額の減少の意義

　合同会社は、損失のてん補のために、その資本金の額を減少することができる（会社法620条1項）。この規定により減少する資本金の額は、損失の額として法務省令で定める方法により算定される額を超えることができない（同条2項）。

　合同会社における資本金の額を減少は、①損失のてん補のための資本金の額の減少、②出資の払戻しを行う場合の資本金の額の減少、③社員の退社に伴い持分の払戻しを行う場合の資本金の額の減少、以上の3つに分類することができる。本項は、このうちの①についての内容である。合同会社の場合は、株式会社と同様に、資本金の額の減少に際して債権者保護手続が要求されている。

　条文上「損失のてん補」となっているが、株式会社の場合の損失のてん補（または欠損てん補）とは意味が異なる点に留意が必要である。立法担当者の解説によれば、ここでいう「損失のてん補」は、社員に払戻し可能な財源を回復するという意味以上のものではないと説明されている[102]。資本剰余金と利益剰余金の合計額がマイナスである場合（かつ資本剰余金はプラスで利益剰余金がマイナスである場合）に、利益剰余金のマイナスに充当しないで、資本剰余金のプラスを増加させるのみであっても、ここでいう「損失のてん補」に含まれる。

2. 資本金の額の減少に係る税務

　資本金の額を減少して資本剰余金に計上するだけであれば、税務上の資

102　相澤哲ほか編著「論点解説　新・会社法」商事法務、P593。

本金等の額の中での振替に過ぎないため、法人税申告書別表5（1）の「資本金等の額の計算に関する明細書」の「資本金又は出資金」の行の減少欄と「資本剰余金」の行の増加欄に同額を記載するだけである。

一方、いったん資本剰余金に計上し、そこから利益剰余金のマイナスに振り替えた場合は、別表5（1）の利益積立金額と資本金等の額との間の振替調整（プラス・マイナス同額の調整）を入れることにより、利益積立金額にも資本金等の額にも変動は生じないことを表す必要がある。

設例 資本金の額を減少し利益剰余金のマイナスをてん補した場合の処理
前提条件

資本金の額を300減少し、同額の利益剰余金のマイナスをてん補した場合の会計処理および申告書別表の取扱いを示しなさい。なお、資本金の期首金額は400、資本剰余金の期首金額は100であったとする。

解　答

会計上の仕訳は次のようになる。

資本金　　　　　300　　/　資本剰余金　　300

資本剰余金　　　300　　/　利益剰余金　　300

税務上は、同じ社員資本の中での振替に過ぎず、仕訳なし（利益積立金額および資本金等の額の双方とも変動なし）である。次のように申告調整を行う。

IV 資本金の額の減少に係る税務　173

別表 5（1）　利益積立金額および資本金等の額の計算に関する明細書

	I　利益積立金額の計算に関する明細書			
区　　分	期首現在利益積立金額	当期の増減		差引翌期首現在利益積立金額①－②＋③
		減	増	
	①	②	③	④
利益準備金				
積立金				
資本金等の額			△ 300	△ 300
繰越損益金	△ 300	△ 300	Ｘ Ｘ	Ｘ Ｘ

（注）会計上は、利益剰余金が300増加する（マイナス300がてん補される）ため、繰越損益金の増加欄に記載する数字は500増加する（マイナスが500減少する）が、税務上は利益積立金額に変動は生じない。そのため、利益積立金額と資本金等の額との間の振替調整（プラス・マイナス300）を入れ、利益積立金額は変動しないことを表す。

	II　資本金等の額の計算に関する明細書			
区　　分	期首現在資本金等の額	当期の増減		差引翌期首現在資本金等の額
		減	増	
資本金または出資金	400	300		100
資本準備金				
資本剰余金	100	300	300	100
利益積立金額			300	300

（注）利益積立金額との間で300の振替調整が入ることによって、資本金等の額にも変動が生じないことが表される。

Ⅴ 出資の払戻しと持分の払戻し

1. 出資の払戻しと持分の払戻しの意義

(1) 出資の払戻しの意義

　社員は、合同会社に対し、すでに出資として払込みまたは給付をした金銭等の払戻し（「出資の払戻し」という）を請求することができる。この場合、その金銭等が金銭以外の財産であるときは、その財産の価額に相当する金銭の払戻しを請求することができる（会社法624条1項）。

　出資の払戻しにより払い戻すことができるのは、社員がすでに出資として払込みまたは給付をした財産に限定される。

　また、合同会社は、出資の払戻しのために、その資本金の額を減少することができる（会社法626条1項）。出資の払戻しのために減少する資本金の額は、出資払戻額（出資払戻しにより社員に対して交付する金銭等の帳簿価額）から出資の払戻しをする日における剰余金額を控除して得た額を超えてはならない（同条2項）。

減少する資本金の額 ≦ 出資払戻額 − 出資の払戻しをする日における剰余金額

　剰余金額の算定方法については、「第3章　合同会社の会計」の「Ⅱ　資本金の額の減少」の「3.出資の払戻しのための資本金の額の減少」を参照されたい。

(2) 持分の払戻しの意義

　退社した社員は、その出資の種類を問わず、その持分の払戻しを受けることができる（会社法611条1項）。社員の退社により、払い戻される持分は、持分に相当する財産である。持分に相当する財産は、その社員が過去に履

行した出資とその社員に帰属している損益である。持分の払戻しにより、その社員の出資に対応する部分と利益に対応する部分の資本金、資本剰余金および利益剰余金が減少することになる（会社計算規則30条2項1号、31条2項1号、32条2項1号）。退社する社員が積極持分（プラスの持分）を有するときは払戻しを受けることができるが、消極持分（マイナスの持分）を有するときは、合同会社の社員は有限責任社員であるため、退社に際して出資額を超えて退社に対して支払う必要はない。

　合同会社の場合、退社に伴う持分の払戻しについて、払い戻す財産の価額と会社財産の状況との関係により、独自の規制が設けられている（会社法635条）。その内容については、「第3章　合同会社の会計」の「Ⅳ出資の払戻し、持分の払戻し」の「2.持分の払戻し」を参照されたい。

(3) 出資の払戻しと持分の払戻しに係る税務

① 合同会社の税務

　出資の払戻しおよび社員の退社による持分の払戻しは、税務上同じ規定が適用される。税務上は、いずれもみなし配当事由である（法法24条1項6号）。その合同会社の（会社全体の）資本金等の額のうち、出資の払戻し（または持分の払戻し）に対応する部分の金額（取得資本金額）について資本金等の額を減算し、取得資本金額を超えて払戻しをした額について利益積立金額を減算する。この利益積立金額の減算すべき額が、いわゆる「みなし配当」となる。出資払戻額（または持分払戻額）が取得資本金額を超える場合のみ、みなし配当が発生する。

　出資払戻額（または持分払戻額）のうち、資本金等の額に対応する金額（取得資本金額）をどのように算定するかであるが、会社の出資の払戻し（または持分の払戻し）直前の（会社全体の）資本金等の額をその出資の払戻し（または持分の払戻し）直前の出資の総額で除し、これに

その出資の払戻し（または持分の払戻し）に係る出資の金額を乗じて得た額である（法令8条1項20号）。

出資払戻額（または持分払戻額）がその取得資本金額を超えている場合に、その超過額について利益積立金額の減算を行う（法令9条1項14号）。

資本金等の額の減少額（A）（取得資本金額）

$$= \frac{払戻し直前の資本金等の額}{その払戻し直前の出資の総額} × その払戻しに係る出資の金額$$

※ 払戻し直前の資本金等の額がゼロ以下であるときは、資本金等の額の減少額をゼロとする。

※ （A）の額が、出資払戻額（または持分払戻額）を超える場合には、超過額を減算した額とする。

払戻額－（A）＝利益積立金額の減少額（みなし配当）

なお、みなし配当が生じる場合には、みなし配当の額について所得税の源泉徴収が必要である（所法181条、182条）。また、みなし配当に係る支払調書およびその合計表を納税地の所轄税務署長に提出する必要がある（所法225条1項2号）。ただし、みなし配当の額が15,000円以下（居住者または国内に恒久的施設を有する非居住者に係るものについては、100,000円以下）の場合には、提出は不要である（所規83条2項3号、措法8条の5、措令4条の3第3項）。

設例 出資の払戻しに係る処理

前提条件

当社（合同会社）は、法人社員に対して出資の払戻しを行った。資本剰

余金を10,000減少し、同額の払戻しを行った。取得資本金額を計算したところ、8,500であった。この場合の当社の会計上および税務上の仕訳を示しなさい。

なお、みなし配当に係る所得税の源泉徴収は捨象する。

解　答

1.会計上の仕訳

| 資本剰余金 | 10,000 | / | 現預金 | 10,000 |

2.税務上の仕訳

| 資本金等の額 | 8,500 | / | 現預金 | 10,000 |
| 利益積立金額 | 1,500 | | | |

（注）減少利益積立金額＝出資払戻額－取得資本金額＝10,000－8,500＝1,500

　この場合の申告調整は、次のように行う。第1に、利益積立金額1,500の減少を表すために、別表5（1）の「利益積立金額の計算に関する明細書」にマイナス1,500の調整を入れる。第2に、会計上は資本剰余金を10,000減少するのに対して、税務上は資本金等の額を8,500減少させるため、「資本金等の額の計算に関する明細書」にプラス1,500の調整を入れる。利益積立金額と資本金等の額にプラス・マイナス1,500の振替調整を入れることにより、税務上の正しい数字になる。

178 第4章 合同会社の税務

別表5（1）　利益積立金額および資本金等の額の計算に関する明細書

Ⅰ　利益積立金額の計算に関する明細書				
区　　分	期首現在利益積立金額	当期の増減		差引翌期首現在利益積立金額①－②＋③
		減	増	
	①	②	③	④
利益準備金				
積立金				
資本金等の額			△1,500	△1,500
繰越損益金	×××		××	×××

（注）会計上の利益剰余金は変動しないが、税務上の利益積立金額は1,500減少する。そのため、マイナス1,500の調整を入れる。

Ⅱ　資本金等の額の計算に関する明細書				
区　　分	期首現在資本金等の額	当期の増減		差引翌期首現在資本金等の額
		減	増	
資本金または出資金	×××			×××
資本準備金				
資本剰余金	×××	10,000		×××
利益積立金額			1,500	1,500

（注）利益積立金額との間で1,500の振替調整が入ることによって、資本金等の額は8,500減少することが表される。

② 払戻しを受けた社員の税務

　出資の払戻し（または持分の払戻し）を受けた社員の税務であるが、出資払戻額または持分払戻額（以下、「交付金銭等の額」）が、その合同会社の資本金等の額のうちその交付の基因となった出資に対応する部分の金額（取得資本金額）を超えるときは、その超える部分の金額がみなし配当となる（法法24条1項、所法25条1項）。法人社員であるときは受

取配当金となり、受取配当等の益金不算入規定の適用を受ける。個人社員であるときは、配当所得に係る収入金額となる。

　また、交付金銭等の額からみなし配当の額を控除した額は、出資に係る譲渡対価の額となる。法人社員であるときは、出資に係る譲渡対価の額から譲渡原価の額を控除した額について譲渡益または譲渡損を認識する（法法61条の2第1項）。一方、個人社員であるときは、出資に係る譲渡所得の収入金額となり、譲渡所得のプラスまたはマイナスを認識することになる。

（ⅰ）みなし配当の額（法法24条1項6号、法令23条1項6号、所法25条1項6号、所令61条2項6号）

$$
交付金銭等の額 - 払戻し直前の資本金等の額 \times \frac{その社員が有していた その払戻しに係る出資の金額}{払戻し直前の出資の総額}
$$

（ⅱ）出資に係る譲渡損益の額（法法61条の2第1項、19項、措法37条の10第3項6号）

$$
その社員が交付を受ける 金銭等の価額 - みなし配当の額 - その社員の譲渡した 出資の帳簿価額[103]
$$

　なお、実務上は、みなし配当の額が所得税の源泉徴収の対象であるため、支払通知書により把握され、出資払戻額（または持分払戻額）からそのみなし配当の額を控除することにより、出資に係る譲渡対価の額も把握することができる。

103　出資に係る譲渡原価の額は、その払戻し直前の当該所有出資の帳簿価額に当該払戻しの直前の当該所有出資の金額のうちに当該払戻しに係る出資の金額の占める割合を乗じて計算した金額に相当する金額とする（法法61条の2第19項）。

① 譲渡損が発生するケース

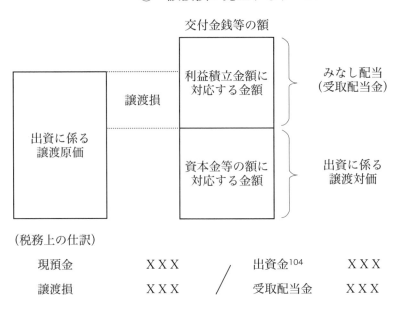

(税務上の仕訳)

| 現預金 | ××× | / | 出資金[104] | ××× |
| 譲渡損 | ××× | | 受取配当金 | ××× |

---

[104] 「出資金」勘定の貸方は、出資に係る譲渡原価相当額を出資の帳簿価額から減額するという意味である(以下同様)。

② 譲渡益が発生するケース

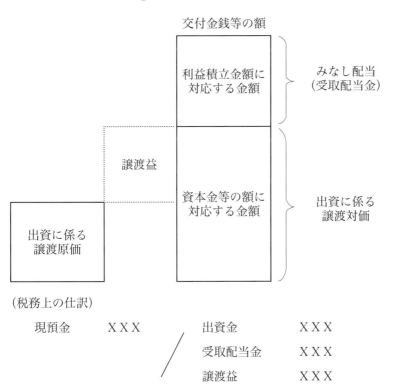

(税務上の仕訳)

現預金　　　×××　　／　出資金　　　×××
　　　　　　　　　　　　受取配当金　×××
　　　　　　　　　　　　譲渡益　　　×××

　法人社員の場合、譲渡益は益金の額に算入され、譲渡損は損金の額に算入される。また、みなし配当は受取配当金となるため、受取配当等の益金不算入規定の適用を受けることができる。それに対して個人社員の場合、譲渡益は株式等の譲渡所得のプラス、譲渡損は株式等の譲渡所得のマイナスとなる。また、みなし配当は配当所得に係る収入金額になるため、高い税負担になる可能性もある。したがって、個人社員の場合には、その税負担について慎重に考慮したうえで実行する必要がある。

182　第4章　合同会社の税務

Ⅵ　組織変更等に係る税務

1.　組織変更に係る税務

（1）法人の税務

　合同会社から株式会社への組織変更、株式会社から合同会社への組織変更、いずれも一定の手続のもとで可能である点は、「第2章　合同会社の法務」の「Ⅴ　組織変更」で解説している。なお、持分会社のなかでの変更（合同会社と合名会社、合同会社と合資会社、合名会社と合資会社間の変更）はケースとして限られると思われるが、組織変更ではなく、定款変更による持分会社の種類の変更として規定されている。

　合同会社から株式会社への組織変更、株式会社から合同会社への組織変更、いずれについても、税務上の取扱いは実質同じである。

　組織変更が行われた場合、会社が同一の法人格を維持しながら他の種類の会社になる。会社が組織変更をして他の種類の会社となった場合には、組織変更前の会社の解散の登記、組織変更後の会社の設立の登記にかかわらず、その解散または設立はなかったものとして取り扱う。

　したがって、当該会社の法人税法上の事業年度および消費税法上の課税期間は、その組織変更によっては区分されず継続することに留意が必要である。特例有限会社が株式会社に移行した際も同様の取扱いである（法基通1-2-2、消基通3-2-2）。

法人税基本通達1-2-2（組織変更等の場合の事業年度）

　　法人が会社法その他の法令の規定によりその組織または種類の変更（以下「組織変更等」という）をして他の組織または種類の法人となった場合には、組織変更等前の法人の解散の登記、組織変更等後の法人の設立の登記にかかわらず、当該法人の事業年度は、その組織変更等によっては区分されず継続する

ことに留意する。

　旧有限会社（会社法の施行に伴う関係法律の整備等に関する法律第2条に規定する旧有限会社をいう）が、同法第45条（株式会社への商号変更）の規定により株式会社へ商号を変更した場合についても、同様とする。

　組織変更前の会社の解散による所得課税や、組織変更前の会社の資産・負債の組織変更後の会社に対する移転に係る譲渡損益などは生じない。組織変更前の会社の資産および負債の帳簿価額が、組織変更後の会社にそのまま引き継がれる（会社計算規則7条）。

　また、組織変更前の会社の繰越欠損金は、組織変更後の会社に引き継がれる。

　なお、解散および設立の登記、所轄税務署、県・市町村等への届出が必要である点に留意する必要がある。

(2) 社員または株主の税務

① 組織変更後の株式（または出資）のみが交付される場合

　組織変更により、旧合同会社の社員が新株式会社の株主に、または、旧株式会社の株主が新合同会社の社員になる。このときの課税関係の有無が問題となる。

　i 組織変更前の合同会社の社員の有する出資に代えて組織変更後の株式会社の株式のみが交付される場合（合同会社から株式会社への組織変更の場合）、ii 組織変更前の株式会社の株主の有する株式に代えて組織変更後の合同会社の出資のみが交付される場合（株式会社から合同会社への組織変更の場合）、いずれについても旧出資または旧株式の帳簿価額がそのまま新株式または新出資に引き継がれるため、課税関係は生じない（法法61条の2第13項、法令119条1項14号、所令115条）。

なお、付随費用が生じたときは、それを取得価額に加算する。

② 組織変更後の株式（または出資）以外の資産が交付される場合

組織変更前の合同会社の社員に対して、組織変更後の株式会社の株式以外の資産の交付がされたときは、その株式の取得価額はその取得の時における時価となる(法令119条1項27号、所令109条1項6号)。同様に、組織変更前の株式会社の株主に対して、組織変更後の合同会社の出資以外の資産の交付がされたときは、その出資の取得価額はその取得の時における時価となる（法令119条1項27号、所令109条1項6号）。

また、交付を受けた資産の価額の合計額のうち、その組織変更前の合同会社または株式会社の資本金等の額に対応する額を超える部分の金額については、みなし配当として取り扱われる。

2. 種類変更に係る税務

持分会社のなかでの変更（合同会社と合名会社、合同会社と合資会社、合名会社と合資会社間の変更）は、会社法上、組織変更ではなく、定款変更による持分会社の種類の変更として規定されている。合同会社の場合、具体的には、次に掲げる定款の変更をすることにより、それぞれに掲げる種類の持分会社に変更することができる（会社法638条3項1号から3号）。

> ① その社員の全部を無限責任社員とする定款の変更により、合名会社に変更
> ② 無限責任社員を加入させる定款の変更により、合資会社に変更
> ③ その社員の一部を無限責任社員とする定款の変更により、合資会社に変更

会社が種類変更した場合、その効力が生じた日から2週間以内に、その本店の所在地において、その変更前の会社については解散の登記をし、そ

の変更後の会社については設立の登記をする必要がある（会社法919条、920条）。

　税務上、変更前と変更後の法人格の同一性の観点から、その解散および設立はなかったものとして取り扱う。

　したがって、当該会社の法人税法上の事業年度および消費税法上の課税期間は、その種類変更によっては区分されず継続することに留意が必要である。特例有限会社が株式会社に移行した際も同様の取扱いである（法基通1-2-2、消基通3-2-2）。

　種類変更前の会社の解散による所得課税や、種類変更前の会社の資産・負債の種類変更後の会社に対する移転に係る譲渡損益などは生じない。種類変更前の会社の資産および負債の帳簿価額が、種類変更後の会社にそのまま引き継がれる（会社計算規則7条）。

　また、種類変更前の会社の繰越欠損金は、種類変更後の会社に引き継がれる。

　なお、解散および設立の登記、所轄税務署、県・市町村等への届出が必要である点に留意する必要がある。

3．解散・清算

　合同会社の解散・清算に係る税務上の取扱いは、株式会社の場合と同様である。ただし、解散後の事業年度の取扱いが株式会社と異なる点に留意が必要である。

　合同会社が事業年度の途中で解散した場合、その事業年度開始の日から解散の日までの期間および解散の日の翌日から定款で定めた事業年度終了の日までの期間をそれぞれ1つの事業年度とみなす（会社法494条1項、法法14条1項1号）。その後の事業年度も、定款で定めた事業年度となる。

　株式会社が事業年度の途中で解散した場合、その事業年度開始の日から

解散の日までの期間および解散の日の翌日から1年間をそれぞれ1つの事業年度とみなす取扱いと異なっている（法基通1-2-9）[105]。

　清算中に終了する各事業年度に係る所得計算および税額計算については、株式会社の取扱いと同様である。すなわち、平成22年10月1日以後の解散については、損益法による所得計算とされ、清算中に終了する事業年度末の現況において、残余財産がないと見込まれるときは、青色欠損金のほかに期限経過欠損金（期限切れ欠損金）を損金算入することができる（法法59条3項）。

105　株式会社（特例有限会社を含む）のほかに、一般社団法人および一般財団法人も同様に取り扱われる。

第5章

合同会社の活用事例

188　第5章　合同会社の活用事例

Ⅰ　合同会社の典型的な活用方法

1.　合同会社の設立状況

　法務省の登記統計によれば、近年の会社設立件数の推移は次のとおりである。

	平成17年	21年	22年	23年	24年	25年	29年	30年
株式会社	23,228件	79,902	80,535	80,244	80,862	81,889	91,379	86,993
合同会社	78,293(注)	5,771	7,153	9,130	10,889	14,581	27,270	29,076
合名会社	116	31	29	40	60	84	104	87
合資会社	1,908	312	199	250	131	105	58	52
合計	103,545	86,016	87,916	89,664	91,942	96,659	118,811	116,208

(注)平成17年の合同会社欄は旧商法の有限会社

　平成18年5月の会社法施行前においては、有限会社による設立が多かった。株式会社は会社法施行後に多数となり、毎年おおむね8万～9万件程度で推移している。

　一方、合同会社による設立は、平成21年から一貫して増加し、平成30年は新規設立の1／4を占めるまでになっている。

2.　合同会社の典型的な活用方法

　合同会社の典型的な活用方法として、次のようなものが挙げられる。

(1)　小規模事業の法人成り

　平成30年に設立された株式会社および合同会社の資本金別の内訳は次のとおりであり、合同会社の半数以上は資本金100万円未満で設立されている。

	100万 円未満	100万 円以上	300万 円以上	500万 円以上	1,000万 円以上	2,000万 円以上	5,000万 円以上	1億円 以上	10億円 以上
株式会社	14,641件	31,450	14,715	20,240	3,554	1,552	550	273	18
合同会社	14,880	8,706	2,160	3,108	161	37	15	8	1

　合同会社は株式会社と比較して、定款認証が不要のため手数料5万円がかからず、登録免許税の下限が6万円（株式会社15万円）と設立に係るコストが最小限で済む。取締役等の設置が不要で、業務執行社員や代表社員には任期の定めがないことから、役員に変更がない限り登記が不要となり登録免許税3万円（資本金1億円以下の会社は1万円）もかからない。また、株主総会も必置機関ではないことから総会が不要で決算公告義務もないなど、コストおよび事務手数の面で負担が少ない。したがって、取引先から株式会社形態であることを要求されたり、免許取得の際に株式会社形態であることが要件となっている、といった制約がない場合には、個人事業主の法人成りに適している。

　次に、原則として各社員が業務執行権を持ち（社員が2人以上の場合には社員の過半数。会社法590条）、定款変更など重要事項については原則として総社員の同意を要する（会社法637条、641条等）など、いずれも定款で別段の定めを置くことはできるものの、基本ルールとして出資持分が少数であっても経営から除外されにくくなっている点は，複数の者が共同して事業を立ち上げる場合に有用である。このような特質を活かして、町おこしのために複数の者が出資して合同会社を立ち上げ、地域資源を活用した観光物産品などの開発・製造・販売を手掛ける例が見受けられる。

　また、合同会社から株式会社への組織変更が認められているため、まずは合同会社で起業し、事業が軌道に乗った時点で株式会社に組織変更するという方法も考えられ、東日本大震災で被災したショッピングセンターの再生を目的として合同会社により事業を開始し、その後株式会社に改組し

190　第5章　合同会社の活用事例

て業務を拡大、平成30年11月東証マザーズに上場した霞ヶ関キャピタルなどの例がある。

(2) 産学連携

　合同会社制度の導入に当たり、経済産業省が企画していたものの一つに、出資者である起業家と知恵の提供者である研究者が、対等の立場で事業を運営し、成果も享受するという産学連携による大学発ベンチャーがある。1株1票の株式会社制度では出資比率と意思決定・成果配分の比率が異なる仕組みを作るのは困難であり、合資会社などでは無限責任の問題があるため、有限責任でかつ制度設計が自由な合同会社を選択するというものである。

　具体例としては、大阪大学大学院工学研究科の教員が、大学における研究開発の飛躍的な発展を目標として共同で出資して平成18年5月に設立した合同会社フロンティア・アライアンスや、大学等技術移転促進法に基づく承認を受けた技術移転機関として静岡技術移転合同会社などがある。

　なお、費用の負担額に関わらず平等な議決権を有する産学連携の仕組みとしては、他に技術研究組合制度などがある。

(3) 合弁事業

　株式会社形態で合弁事業を行う際には、合弁相手となる企業が勝手に他の者に株式を譲渡して撤退してしまうことを防ぐために、合弁契約および定款において譲渡禁止条項を置くのが通常である。これに対し、合同会社の持分は、原則として、他の社員の全員の承諾がなければ譲渡することができず、各社員が業務執行権を持ち、定款変更には総社員の同意を要するなど、株式会社と比べて社員間で牽制しやすい制度となっており、合弁事業に適しているといわれている。合弁事業の例として、次のようなものが

挙げられる。

① 次世代自動車用の充電サービス、水素充填設備の設置等
　電気自動車や燃料電池自動車といった次世代自動車の普及のためには、充電設備や水素充填設備といった設備が欠かせないが、こうしたインフラ整備を目的として業界各社が共同で出資して合同会社を立ち上げる事例が見られる。
　平成23年12月、電気自動車用の急速充電サービスおよびその市場性調査、充電器設置に関するコンサルト等を目的として、電力会社、自動車メーカー、金融機関、商社など9社の出資により、合同会社充電網整備推進機構が設立された。同社は平成27年3月にサービスを終了して役割を終えているが、平成26年5月には、充電ネットワークの充実を図る目的で自動車メーカーおよび電力会社の出資により、合同会社日本充電サービスが設立されている。
　また、燃料電池自動車の水素充填設備（水素ステーション）についても、平成30年2月、自動車メーカー、ガス会社、金融機関等が参画し、日本水素ステーションネットワーク合同会社が設立されている。

② 再生可能エネルギ　発電事業
　再生可能エネルギーの全量固定価格買取制度（FIT）が平成24年7月から開始されたことに伴い、東京センチュリーリース株式会社（TCL。現東京センチュリー株式会社）と京セラ株式会社は、取引先や自治体等からの太陽光発電の事業化要請に応えるべく、協業して発電事業を実施するため共同出資し、TCLが81％、京セラが19％を出資して、平成24年8月に「京セラTCLソーラー合同会社」を設立した。本事業において、TCLは発電設備に対するリース・ファイナンスを提供し、京セラおよび

192　第5章　合同会社の活用事例

　そのグループ会社は太陽光発電事業の候補用地の情報収集や太陽電池パネ
ルの製造、周辺機器の提供、建設、保守・維持管理等を行うこととした[106]。
同社では平成30年8月末現在、67か所で発電事業を行っている[107]。

　また、同じく平成24年8月に設立された瀬戸内 Kirei 未来創り合同会
社が、平成30年10月に国内最大級の太陽光発電所の運転を開始している[108]
ほか、太陽光発電以外でも、再生可能エネルギー発電所の新規開発・運
営管理を営む株式会社レノバや大阪ガスなどの出資による徳島津田バイ
オマス発電所合同会社[109]、関西電力などが共同出資して設立する秋田県
北部洋上風力合同会社[110]など、再生可能エネルギー発電事業に合同会社
を活用する事例が増えている。

③　外資系企業との共同事業

　全日本空輸株式会社（ANA）は、世界最大のホテルチェーンである英
国のインターコンチネンタルホテルズグループ（IHG）との間で、ANA
のホテル事業につき、IHGの保有する世界的なネットワーク、ブランド
の活用、予約システム、従業員教育等の経営インフラを導入する目的で
資本提携を行い、意思決定を行う株式会社を共同で設立するとともに
ANAのホテル運営会社である株式会社ANAホテルズ＆リゾーツを合同会
社に組織変更した[111]。

106　2012年8月9日付東京センチュリーリース株式会社ニュースリリースより
107　東京センチュリー株式会社HPより
108　2018年11月24日付日本経済新聞より
109　2019年2月25日付大阪ガス株式会社プレスリリースより
110　2019年6月27日付関西電力株式会社プレスリリースより
111　2006年10月23日付両社の共同プレスリリースより

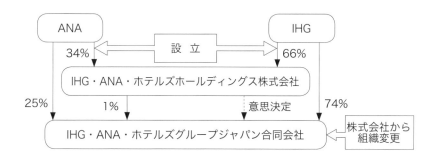

(4) 大企業の子会社

合同会社には、株主総会や取締役などといった設置を強制される機関がないため、大会社の100％子会社で自ら意思決定を行う必要がない場合など、合同会社が適している。特に、外資系の大企業の子会社としての活用がよく知られている。

例えば、合同会社西友は、日本の株式会社として上場していたが、平成19年12月に行われたWyoming Holding GmbH（米国ウォルマートが社員持分100％を保有する有限責任会社）によるTOB、平成20年4月の上場廃止を経て、ウォルマート・ジャパン・ホールディングス傘下の合同会社となった。同社は、かつては委員会設置会社としてさまざまな機関があったところ、完全子会社化により株主が一人だけとなったことから、経営の効率化、スピードをもって会社の意思決定を行えるようにしたかった、と合同会社化の理由が挙げられており、その検討にあたっては、法制度だけではなく、取引先との取引維持、従業員の生活への影響といったところまで調査した、ということである[112]。

また、日本の合同会社については米国連邦税においてpartnershipとしてパススルー課税を選択できるとの理由から、米国法人の日本子会社につい

---

112 旬刊商事法務№1944,1945「座談会合同会社等の実態と課題」西友法務部バイスプレジデント・ジェネラルカウンセルの発言より

ては合同会社を選択している事例が多い。なお、州税については、州によって取扱いが異なるため確認が必要である。

(5) 事業会社によるファンドの運営

　近年、事業会社が投資会社を設立して新事業を育成する事例が出てきているが、ファンドの運営会社として合同会社形態をとるものもある。例えば、フジ・メディア・ホールディングスが立ち上げたフジ・スタートアップ・ベンチャーズは株式会社であるが、東京放送ホールディングスが設立したTBSイノベーション・パートナーズは合同会社である。

　ここまでは個別事例をいくつか見てきたが、証券化など、合同会社が積極的に活用されているいくつかの分野がある。そこで、次のⅡ以下において、これらについて説明する。

Ⅱ 不動産の証券化における活用

1. 不動産の証券化

　流動性の低い資産をより流動性の高い資産に転換することを「資産の流動化」という。また、資産を保有する者が、特定の資産の保有を目的とする別の法人等（Special Purpose Vehicle＝SPV、投資ビークルともいう）を設立し、そこに資産を移転して自身の貸借対照表（バランスシート）から切り離し（オフバランス）、当該SPVが、その資産から得られる将来のキャッシュフローを原資として有価証券等を発行することによって資金調達を行う手法を「資産の証券化」といい、このうち不動産を証券化の対象とするものが「不動産の証券化」である。高額な不動産を証券化を通じて小口化することにより、投資家にとっての投資リスクが軽減され、投資家層が拡大して新たな資金が流入するとともに、不動産保有企業にとっての資金調達方法の多様化といったメリットがある。

　このような「資産流動化型証券化」といわれる手法は、資産処分による財務体質改善を目的として普及したが、その後、不動産取引の回復、国際金融市場の資金の流入等を受け、資産運用の一環として不動産投資を行うために不動産の証券化を活用する「資産運用型証券化」が増加している。

　平成20年度に不動産証券化の対象として取得された不動産およびその信託受益権の資産額は約4.8兆円であった。その年度別の推移は次のとおりで、平成19から20年の世界金融危機を契機に大幅に縮小したものの、その後は回復し、近年はおおむね5兆円前後で推移している。

証券化の対象不動産の取得実績の推移

(出典：国土交通省 平成29年度 不動産証券化の実態調査)

2. 不動産証券化のポイント

(1) SPCに求められる要件

不動産の証券化は、主にSPV（法人を用いる場合には特別目的会社SPCともいう。以下、SPCを前提として説明する）を通じて不動産を小口化して証券を発行し、あるいは金融機関からの借入れにより資金調達することによって行われる。

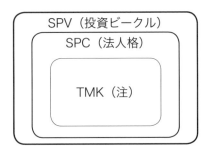

(注) 資産流動化法に基づく特定目的会社をいう。3.(1)で詳述する。

この仕組みを成立させるために、SPCには、①倒産隔離、②二重課税の回避の2つの要件を満たすことが求められる。

①　倒産隔離

不動産証券化における倒産隔離とは、対象資産の倒産隔離（証券化の対象となる不動産をその売主の倒産の影響から法的に分離すること）と、SPCの倒産隔離（SPCの倒産リスクを極小化すること）の2つから成る。

イ　対象資産の倒産隔離

不動産の証券化にあたっては、まず対象不動産をもともとの所有者（オリジネーター）が売主となってSPCに譲渡するが、後日その売主が倒産した場合において売主の破産管財人や債権者等からその譲渡行為について否認や取消を主張され、その主張が認められるとその譲渡がなかったこととされてしまい、SPC（および投資家）はその不動産から得られることを予定していた収益および元本の償還を受けられなくなるおそれがある。したがって、売主とSPCの間では、当該譲渡について有効かつ確実に売買されている（真正売買）必要がある。そのために、通常、契約書において当事者の意思を明記する、対抗要件を具備するために登記をする、譲渡対価の妥当性を担保するために不動産鑑定評価をとるほか、弁護士の法律意見書を取得するなどの方策が採られる。

また、売主の倒産の影響がSPCに及ぶことを避けるため、人的・資本的な関係を遮断する必要があり、後述の一般社団法人を利用する等の方法が採られる。

ロ　SPCの倒産隔離

不動産の証券化において、SPC自体が倒産するとこの仕組みが機能し

なくなり、投資家が損害を被る。これを防止するために、SPCにおいて、定款の目的を不動産の証券化に必要な範囲に限定し、ローン契約において資金運用を制限するなどとともに、関係者からSPCの倒産手続申立権を放棄することの誓約書を取得することなどが行われる。

② 二重課税の回避

不動産の証券化においては、不動産から生じた利益はSPCを通じて投資家に分配されるため、SPCにおいて利益に課税されない仕組みを採用する必要がある。本来は、SPCに対して法人税を課税せず各投資家に直接課税する（パススルー）方式が望ましいが、日本の税制においては法人格を有する事業体に対しては法人税を課税するという大原則がある。そこで、一定の要件を満たした場合に支払配当を損金算入することができる事業体を採用する（ペイスルー）方式と、事業体は課税されるが、匿名組合契約を組み合わせることによって二重課税を回避する方式が考えられる。

(2) SPCの資金調達

SPCの資金調達は、金融機関からの借入れや債券発行のような負債（デット）としての調達と、投資家からの出資のような資本（エクイティ）としての調達に分類される。

① 負債（デット）としての調達

企業の借入れは、通常、その企業の信用力に基づくコーポレートファイナンスが中心となるが、不動産の証券化におけるSPCは、特定の資産の信用力に基づくアセットファイナンスによって資金調達を行う。不動産の証券化においては、SPCに融資を行う銀行等の貸出人（レンダー）

は特定の資産を担保として貸出しを行い、そのほかに求償権が及ばないノンリコースローンが広く利用されている。

債券については、後述の不動産証券化の手法ごとに、特定目的会社を用いる場合における特定社債、投資法人を用いる場合における投資法人債、合同会社を用いる場合における社債の発行がそれぞれ考えられる。

② 資本（エクイティ）による調達

後述の不動産証券化の手法ごとに、特定目的会社を用いる場合には優先出資、投資法人を用いる場合には投資証券、合同会社を用いる場合には匿名組合出資により調達する。

③ 優先劣後構造

負債は利息の支払い、元本償還等において資本に優先し、資本はこれらにおいて負債に劣後するが、負債の返済後の資産の分配を受ける権利を与えられる。すわなち、負債が資本に優先する「優先劣後構造」が採られている。さらに、負債および資本の中で、異なる種類の証券を発行して優先劣後構造に分けられる場合もある。

3. 証券化の手法の種類

不動産の証券化には、資産流動化型、資産運用型、開発型といった類型がある。

特定目的会社（TMK）に代表される資産流動化型は、不動産のもともとの所有者（オリジネーター）が、財務状況改善等の目的でSPCを作り、その資産をSPCに譲渡することによって自身のバランスシートから切り離し（オフバランス）て資金調達する手法である。

リートに代表される資産運用型は、投資家から資金を集めてこれを不動

産に投資して運用し、そこから生じた利益を投資家に分配するものである。

　開発型は、既に存在する不動産を証券化するのではなく、これから行う更地の開発や再開発のための資金を、証券化によって調達する手法である。

　次に、不動産の証券化の手法は、根拠法令等によって、主に次の4つに分類される。

（1）資産流動化法に基づき特定目的会社（TMK）を設立する方法
（2）「投資信託及び投資法人に関する法律」に基づき投資法人を設立等する方法（リート）
（3）合同会社を設立し、匿名組合契約と組み合わせる方法（GK-TKスキーム）
（4）不動産特定共同事業法（不特法）に基づき行う方法

　平成29年度の手法別の実績は次のとおりである。

図表 2-1　スキーム別 平成 29 年度 証券化の対象となる不動産の取得・譲渡実績

（兆円）		実物	信託受益権	計
取得	リート	0.21	1.63	1.83
	不動産特定共同事業	0.20	－	0.20
	TMK	0.29	1.02	1.32
	GK-TK スキーム等	－	1.41	1.41
	計	0.70	4.06	4.77
譲渡	リート	0.05	0.42	0.46
	不動産特定共同事業	0.09	－	0.09
	TMK	1.13	1.27	2.40
	GK-TK スキーム等	－	1.24	1.24
	計	1.27	2.93	4.19

注 1:四捨五入をしているため合計額が一致しないことがある。
注 2:不動産特定共同事業において取得した実物とは、平成 29 年度中に新たに締結された不動産特定共同事業契約に供された実物不動産を、また、譲渡した実物とは、平成 29 年度中に終了した不動産特定共同事業契約に供されていた実物不動産をいう。

（出典：国土交通省 平成29年度 不動産証券化の実態調査）

　平成29年度以前の実績としては、平成19年度まではGK-TKスキームが最も多く、平成20年度に全体が縮小した後、近年ではリートが伸びてきているが、依然としてTMKやGK-TKスキームも多く用いられている。これらに

対し、不特法については従来あまり用いられていなかったが、平成25年度および29年度に不特法が改正され、今後活用が進むことが期待されている。

(1) 資産流動化法に基づき特定目的会社（TMK）を設立する方法
＜現物不動産に投資する場合＞

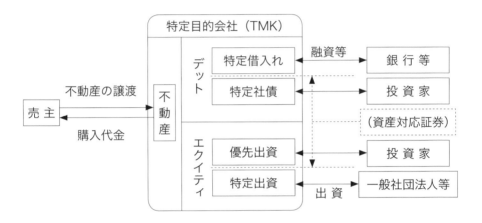

① 特定目的会社の制度
　資産流動化法は、特定目的会社または特定目的信託を用いて資産の流動化を行う制度を確立し、これらを用いた資産の流動化が適正に行われることを確保するとともに、資産の流動化の一環として発行される各種の証券の購入者等の保護を図ることにより、一般投資者による投資を容易にし、もって国民経済の健全な発展に資することを目的とし（資産流動化法１条）、特定目的会社制度と特定目的信託制度を規定している。ここでは、特定目的会社制度について説明する。

② 業務開始
　特定目的会社の仕組みは、売主（オリジネーター）が特定目的会社

（Tokutei Mokuteki Kaisha＝TMK）に特定資産を売却し、TMKがその資産を裏付けとした特定社債、優先出資などの資産対応証券を発行することによって資金調達する仕組みである。

特定目的会社は、業務開始にあたって、あらかじめ、一定の事項を記載した業務開始届出書に、定款・資産流動化計画等の必要書類を添付して内閣総理大臣に提出しなければならない（資産流動化法4条）。資産流動化計画には、資産流動化計画の計画期間、資産対応証券（特定社債・優先出資等）および特定借入れ、特定資産の内容・取得時期および譲渡人、管理・処分の方法等を記載し、あらかじめすべての特定社員の承認を受けなければならない（資産流動化法5条、6条）。

③　業務制限

特定目的会社には、投資家の利益が損なわれることを防止するために、資産流動化計画に従って営む資産の流動化業務以外の業務を営むことができない（資産流動化法195条）、特定資産の管理・処分に係る業務は信託会社等に信託しなければならない（資産流動化法200条）、資産流動化計画外で特定資産を譲渡等してはならない（資産流動化法213条）、国債等の一定の有価証券・預金等の方法によるほか、業務上の余裕金を運用してはならない（資産流動化法214条）など、さまざまな業務制限規定が置かれている。

④　特定出資および優先出資

特定目的会社の社員の地位には特定出資と優先出資があり、設立に際して発行されるものを特定出資、特定出資を有する者を特定社員といい、設立の際の発起人が特定社員（通常、一般社団法人等が利用される）となる。優先出資とは、利益の配当や残余財産の分配を特定社員に先立っ

て受ける権利を有しているものをいい（資産流動化法2条5、6項）、優先出資を購入した投資家が優先出資社員となる。優先出資社員には、優先出資の有利発行、解散決議などを除き、社員総会における議決権がない（資産流動化法27条4項、39条3項、161条1項）。

⑤　特定目的会社の資金調達

　特定目的会社の資金調達は、特定社債、優先出資等の資産対応証券を発行することにより行われるほか、取締役の決定により特定借入れ（資産流動化計画により限度額を定め、借入先を銀行等に限定することを条件とした借入れ）を行うことができる（資産流動化法210条）。特定出資は法人の設立を主目的とするもので、資金調達の手段とは考えない。

⑥　税務上の優遇

　法人税の課税所得の計算上、支払配当は原則として損金の額に算入されない（法法22条3、5項）ため、配当前の所得に対しては法人税が課税されるのが原則であるが、一定の要件を満たす特定目的会社は、90％超の配当を行った場合には、その配当の損金算入が認められている（措法67条の14）。例えば、配当前の利益（所得）を100とした場合に91配当すると、　般的な法人であれば所得100に対して法人税が課税されるが、特定目的会社は所得9（100－91）に対してのみ課税される。つまり、特定目的会社は全額配当すれば実質的に法人税が課税されないこととなる。これによって、投資家は、不動産から生ずる収益を、特定目的会社への課税によって目減りすることなく全額享受することができる。特定目的会社のこのような性質を導管性といい、特定目的会社のような投資ビークルを導管体という。

(2)「投資信託及び投資法人に関する法律」に基づき投資法人を設立等する方法（リート）

＜現物不動産に投資する場合＞

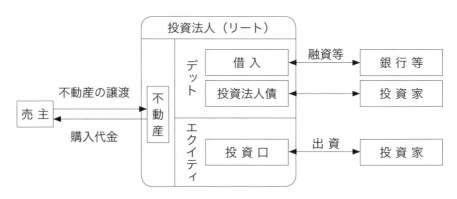

① リートの制度

「投資信託及び投資法人に関する法律（投信法）」は、投資者以外の者が投資者の資金を有価証券等に対する投資として集合して運用し、その成果を投資者に分配する制度を確立し、これらを用いた資金の運用が適正に行われることを確保するとともに、この制度に基づいて発行される各種の証券の購入者等の保護を図ることにより、投資者による有価証券等に対する投資を容易にし、もって国民経済の健全な発展に資することを目的とし（投信法１）、投資信託制度（契約型投資信託）と投資法人制度（会社型投資信託）制度を規定している。このうち、主な投資対象を不動産とするものがいわゆる不動産投資信託（Real Estate Investment Trust＝リート。日本国内のもの、あるいは日本国内のもので上場しているものをＪリートと呼ぶことも多い。本書ではリートと表記する）であり、一般に、リートは投資法人制度によって組成されている。上場されているものが主流であるが、近年は非上場の私募リートも増加している。

② 投資法人の設立および登録

　投資法人とは、資産を主として有価証券、不動産等の特定資産に対する投資として運用することを目的として設立された社団をいう。

　投資法人の設立にあたって、設立企画人（株式会社における発起人に相当）は、あらかじめ、設立に際して執行役員（株式会社の取締役に相当）となる候補者の氏名等を記載した投資法人設立届出書に、規約（株式会社における定款に相当）等の必要書類を添付して内閣総理大臣に届け出なければならない（投信法69条）。

　規約には、目的、商号、本店所在地、設立に際して出資される金銭の額、設立企画人の氏名住所といった株式会社の定款における絶対的記載事項のほか、投資主の請求により投資口の払戻しをする（オープンエンド型）またはしない（クローズドエンド型、上場リートはこちら）旨、最低純資産額（投資法人が常時保持する最低限度の純資産額。5千万円とされている）、資産運用の対象および方針、資産評価の方法・基準および基準日、金銭の分配の方針、決算期等を記載しなければならない（投信法67条）。なお、投資法人の成立時の出資総額は1億円以上でなければならない（投信法68条）。

　投資法人は、設立時執行役員等による設立に際して出資される金銭の額の払込みが完了していることの調査終了日または創立総会を招集した場合には創立総会終了日などのいずれか遅い日から2週間以内に設立の登記をすることによって成立する（投信法73条、74条、166条）。

　また、投資法人は、一定の事項を記載した登録申請書を内閣総理大臣に提出し登録を受けなければ、資産の運用を行うことができない（投信法187条、188条）。

206 第5章 合同会社の活用事例

③ 業務制限

投資法人は、資産の運用以外の行為を営業としてすることができない（投信法63条）。資産の運用は、規約に定める資産運用の対象および方針に従い、特定資産については有価証券の取得・譲渡・貸借、不動産の取得・譲渡・貸借・管理の委託等が、特定資産以外の資産については取得・譲渡・その他の取引が認められる。なお、特定資産について、宅地の造成または建物の建築を自ら行うことに係る取引は認められないこととされており、自ら開発行為を行うことはできない（投信法193条、投信令116条）。また、資産の運用については資産運用会社に、保管については資産保管会社に、これら以外（投資口の募集、機関の運営、計算等）については一般事務受託者に、それぞれ業務を委託しなければならない（投信法117条、198条、208条）。

④ 投資法人の資金調達

投資法人の社員の地位を投資口（株式会社の株式に相当）といい、投資口を表示する証券を投資証券という。投資法人は投資口の募集により資金調達を行い、投資家は、投資口の募集に応じて投資口に出資し、投資主となる。

また、クローズドエンド型の投資法人は、規約に定めた金額を限度として、投資法人債を発行することができる（投信法139条の2）。

このほか、自己投資口の取得は原則禁止とされているが、投資主との合意により有償取得することや、投資主に対して新投資口予約権を無償で割り当てること、などが可能である。

⑤ 税務上の優遇

一定の要件を満たす投資法人は、90％超の配当を行った場合には、特

定目的会社と同様に導管体としてその配当の損金算入が認められている（措法67条の15）。

(3) 合同会社を設立し、匿名組合契約と組み合わせる方法（GK-TKスキーム）
＜信託受益権に投資する場合＞

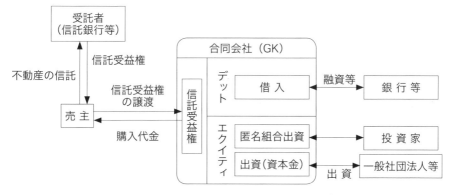

① GK-TKスキームの仕組み

特定目的会社や投資法人を用いた法定スキーム以外に、合同会社（Godo Kaisha＝GK）と匿名組合（Tokumei Kumiai＝TK）契約を組み合わせた方法が多く用いられている。

匿名組合契約においては、匿名組合員が営業者の営業のために出資（金銭その他の財産に限られ、労務・信用の出資は認められない）し、その出資は営業者の財産とされる。営業者はその営業から生ずる利益を分配するが、損失が生じた場合にはそのてん補後でなければ匿名組合員は利益配当を請求できない。また、匿名組合員は、業務執行権・代表権を有することはできず、営業者の行為について第三者に対して権利・義務を有しない（商535条、536条、538条）。

GK-TKスキームにおいては、各投資家を匿名組合員、合同会社を営業者として匿名組合契約を結ぶこととなる。

②　GK-TKスキームの資金調達

　合同会社は、一般社団法人から社員として出資を受けて設立され、投資家からの匿名組合出資および銀行等からのノンリコースローンによる借入等（社債の発行も可能である）により資金調達を行い、不特法の適用を避け、流通税を軽減するために対象不動産を現物ではなく信託受益権として取得する（⑥において詳述する）。

　さらに、複数の不動産信託受益権を異なる時期に取得して運用する場合には、SPCを資金調達のための親SPCと投資運用のための複数の子SPCに分け、親SPCが投資家からの匿名組合出資を受け入れて子SPCに対して匿名組合出資を行い、子SPCがそれぞれの投資時期に合わせて親SPCからの匿名組合出資と銀行等からのノンリコースローンをもって投資対象である不動産信託受益権を取得する、いわゆる「二層構造ファンド」が用いられる場合もある。この場合の親SPC、子SPCとも、一般的に合同会社が利用される。

③　税務上の取扱い

　日本の法人税法は、法人格を有する全ての事業体を課税対象としており、導管体としての役割でのみ設立される上記（1）の特定目的会社および（2）の投資法人については、法人税の課税対象とする原則はそのままに、一定の要件を満たせば支払配当を損金算入することによって課税所得が生じないようにする、いわゆるペイスルー課税方式を採っている。

　これに対し、投資ビークルとして会社法上の合同会社を用いる場合には、法人税法は特に優遇規定を設けておらず、そのままでは課税所得に対して通常どおり課税されてしまう。そこで、投資家との間で合同会社を営業者、投資家を匿名組合員とする匿名組合契約を結ぶ方法を採る。匿名組合契約自体は単なる契約であり組合に法人格はなく、法人税の課

税対象とはならない。

　匿名組合契約の営業者である法人に対する法人税の課税所得計算については、匿名組合契約により匿名組合員に分配すべき利益の額を損金算入することとされている（損失を分配する場合には益金算入。法基通14－1－3）。すなわち、匿名組合契約を用いることにより、営業者である法人は、特定目的会社や投資法人と同様の課税関係を実現できる。

④　合同会社を選択するメリット

　上記③で述べた法人税基本通達14－1－3の取扱いは営業者が法人である場合に適用され、合同会社に限られるわけではない。SPCに株式会社（Kabushiki Kaisha）を用いるいわゆるKK-TKスキームでも、課税上の取扱いは同様である。会社法上規定されている株式会社、合同会社、合名会社および合資会社の中から特に合同会社を用いる理由としては、次のようなものが挙げられる。

イ　株式会社の場合、会社更生手続が開始された場合、担保権が更生担保権とされるところ、合同会社については会社更生法の適用がないこと

ロ　SPCという性質上、複雑な組織が不要であるところ、株主総会、取締役、監査役等の機関が不要な合同会社が適していること

ハ　設立費用が安く、設立後の維持費用についても、負債の額が200億円以上となった場合の大会社規制がないこと、決算公告義務がないことなどにより、コストおよび事務負担を抑えられること

ニ　合名会社・合資会社と比較して、出資者の全員が有限責任であること

　次に、他のスキームとの比較では、TMKスキームやリートのような法定スキームは手続が煩瑣であるのに対し、簡便で柔軟な仕組みが可能であることが大きなメリットとなる。また、自ら開発することが認められないリートに対し、GK-TKスキームにより（または必ずしも証券化しな

いで）開発した後に譲渡する、といったことなども考えられる。一方、GK-TKスキームにおいては、不特法の適用を避けるために、基本的に対象不動産につき現物によらず信託受益権化して取引する必要があるが、TMKによる場合には同法が適用されないため、信託受益権化が困難な案件など現物取引による場合には、TMKスキームが用いられる。

⑤　一般社団法人の利用

　売主（オリジネーター）が営業者（合同会社）に直接出資すると、売主の倒産の影響が営業者に及ぶおそれがあるため、合同会社への出資者として、「一般社団法人及び一般財団法人に関する法律（一般社団・財団法人法）」に規定する一般社団法人が利用される。

　売主は一般社団法人に基金を拠出し、当該一般社団法人が合同会社の出資持分のすべてを取得する。これにより、合同会社の意思決定は一般社団法人が行うこととなるが、一般社団法人は基金拠出者と議決権保有者（社員）の地位が分離されており、社員に売主ではなく、公認会計士などの第三者が就任し、売主が合同会社に対する議決権を有していない状態にすることによって資本関係を遮断する。

　なお、平成20年12月の一般社団・財団法人法の施行前は、ケイマン諸島にSPCを設立し慈善信託を組み合わせる手法が利用されていたが、現在では簡便に国内で完結できる一般社団法人が用いられている。

⑥　不動産信託の活用

　匿名組合契約の営業者である合同会社は、次のような理由から、対象不動産を現物ではなく不動産信託受益権として投資する。

イ　不動産特定共同事業法の適用の回避

　合同会社が匿名組合契約によって投資家から出資を受け、その出資金により不動産取引（不動産の売買、交換または賃貸借をいう）を営み、そこから生ずる利益の分配を行う行為を業として行うことは不動産特定共同事業に該当し、不動産特定共同事業を営むためには主務大臣または都道府県知事の許可が必要となる（不特法2条、3条）。この許可を受けるためには、宅地建物取引業の免許を受けていること、資本金の額が一定額以上であること、事業を適確に遂行するに足りる財産的基礎および人的構成を有するものであること等の要件を満たす必要があり（不特法6条2号、7条）、導管体としての役割しか持たないSPCがこの要件を満たすことは現実的でない。これに対し、信託受益権による利益の分配については不特法は適用されないため、許可は不要となる。

ロ　流通税の軽減

　不動産を現物で売買する場合には、不動産取得税、登録免許税等が課されるが、信託受益権化することによってこれらを大幅に節減することができる。この2税目に係る具体的な取扱いは、次のとおりである。

212　第5章　合同会社の活用事例

	現　物		信託受益権	
登録免許税	固定資産税評価額　　　×2% （土地：　　//　　×1.5%）		設定時	固定資産税評価額×0.4% （土地：　　//　　×0.3%）
			受託者への移転時	非課税
			受益者の変更時	不動産1個につき1,000円
不動産取得税	固定資産税評価額　　　×4% （土地・家屋（住宅）：　//　　×3%） （宅地評価土地：　//×1/2×3%）		非課税	

（注）上記（　）内の軽減措置はすべて令和3年3月31日までとされている。この ほか、特定目的会社、投資法人および特例事業者等に対しては、令和3年 3月31日までの間、登録免許税の税率について1.3%とし、不動産取得税の評 価額について固定資産税評価額の3/5（特例事業者は1/2）控除する軽減措置 が置かれている（措法72、83の2の2、83の3、地法附則11他）。

ハ　信託受託者の機能の活用

　信託受託者である信託銀行等は、受託に当たって対象資産の遵法性、 権利関係などを審査するため、受託された資産については信託銀行等の そうした機能が期待でき、金融機関の融資も受けやすくなる可能性があ る。

⑦　金融商品取引法との関係

　金融商品取引法上、信託受益権および匿名組合出資は有価証券とみな される（第二項有価証券という）ため、営業者たる合同会社が金融商品 取引法上の規制の対象となる場合があり（金商法2条2項1号、5号）、 次の点に留意する必要がある。

イ　匿名組合出資持分の募集または私募

　匿名組合持分の募集または私募を業として行うことは第二種金融商品 取引業に該当し、原則として合同会社を金融商品取引業者として登録す

る必要がある（金商法2条8項7号、28条2項、29条）。ここで、募集とは、第二項有価証券の場合、新たに発行される有価証券の取得の申込みの勧誘のうちその勧誘に応じることにより500人以上が所有することとなるものをいい、499人以下の場合を私募という（金商法2条3項3号、金商令1条の7の2）。GK-TKスキームの場合は通常、私募である。

しかし、登録のための人員配置や資本金1,000万円以上といった要件を導管体としてのSPCが満たすのは現実的でない。そこで、合同会社自身は募集・私募を一切行わないこととし第二種金融商品取引業登録している金融商品取引業者にこれを委託する方法または適格機関投資家等特例業務として届出を行う方法によれば、登録が不要とされる。適格機関投資家等特例業務とは、銀行等の適格機関投資家および49名以下の適格機関投資家以外の一定の投資家を相手方とする一定の私募、運用について登録を不要とし、届出制とするものである（金商法63条）。

ロ　匿名組合契約による出資金の運用

主として有価証券等に対する投資として匿名組合員から出資を受けた金銭の運用を行うことは投資運用業に該当し、原則として合同会社を商品取引業者として登録する必要がある（金商法2条8項15号、28条4項、29条）。ここで、「主として」とは運用財産の50％超となる場合をいい、合同会社が匿名組合契約により出資を受けた金額を有価証券とみなされる信託受益権に投資する場合には投資運用業に該当する。

しかし、投資運用業の登録要件は第二種金融商品取引業よりもさらに厳しく、会社形態が一定の要件を備えた株式会社に限定されるため合同会社は登録できない。そこで、合同会社自身は運用を一切行わないこととし投資運用業登録している金融商品取引業者にこれを一任する方法または適格機関投資家等特例業務として届出を行う方法によれば、登録は

不要とされる。

(4) 不動産特定共同事業法（不特法）に基づき行う方法
① 不動産特定共同事業（不特法）の仕組み
＜匿名組合契約により現物不動産に投資する場合＞

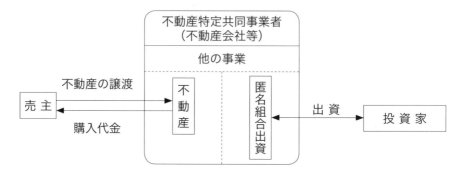

　営業者が匿名組合契約等の契約に基づき投資家から出資を受けた金銭等により不動産取引を営み、そこから生ずる利益の分配を行う行為（第一号事業）、契約の締結の代理または媒介をする行為（第二号事業）等を業として行うものを不動産特定共同事業といい、不動産特定共同事業を営もうとする者は、宅地建物取引業の免許を受けていること、資本金の額が一定額以上であること、事業を適確に遂行するに足りる財産的基礎および人的構成を有するものであること等の要件を満たして主務大臣または都道府県知事の許可を得なければならない（不特法2条3、4項、3条、6条2号、7条）。この方法は、上記（1）から（3）のようにSPCを用いず、不動産会社等が許可を得てその事業の一部として行うのが基本型である。

② 不特法の改正および合同会社の活用可能性
　①で述べたように、この方法は不動産会社等の事業会社がその事業を

行うため、倒産隔離が図られておらず、その営業者の他の事業が破たんした場合に不動産特定共同事業に対して投資する投資家も影響を受けて投資を回収できなくなるおそれがあることから、いわゆるプロ投資家から敬遠される傾向があった。

そこで、平成25年度において倒産隔離型スキームが導入され、一定の要件を満たすSPCについて、不動産特定共同事業の許可を受けることなく特例事業者として届出により不動産共同事業を行うことができるようになり、GK-TKスキームにおいては信託受益権化の困難であった物件を現物のまま証券化することが可能となった。

＜特例事業者が匿名組合契約により現物不動産を取得する場合＞

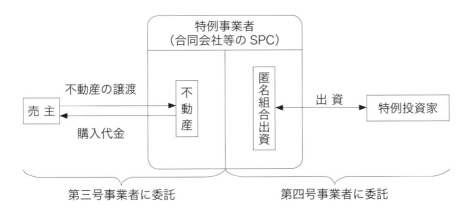

特例事業とは、不動産特定共同事業契約を締結して当該契約に基づき営まれる不動産取引から生ずる利益の分配を行う行為（第一号事業）で業として行うもので、次のすべての要件を満たすものとされ、特例事業者とは、特例事業を営むことについてあらかじめ主務大臣に届け出たものとされた（平成25年度改正後不特法2条6、7項、40条の2。現行不特法ではそれぞれ2条8、9項、58条）。

216　第5章　合同会社の活用事例

i	当該行為を専ら行うことを目的とする法人が行うものであること
ii	不動産取引に係る業務を一の不動産特定共同事業者（第三号事業者）に委託するものであること
iii	不動産特定共同事業契約の締結の勧誘の業務を不動産特定共同事業者（第四号事業者）に委託するものであること
iv	特例投資家（銀行、信託会社等不動産投資に係る専門的知識および経験を有する者、資本金の額が5億円以上の株式会社等をいう）を相手方または事業参加者とすること
v	その他事業参加者の利益の保護を図るために必要な要件に適合すること

　すなわち、倒産隔離型のスキームを実現するために、特例事業者は事業目的を限定されたSPCとされ、SPCには業務を行う能力がないことから、業務を第三号事業者および第四号事業者に委託すること、また、投資家はプロの投資家に限定することが要件とされた。なお、第三号事業者および第四号事業者については、不動産特定共同事業者としての許可が必要（許可に求められる資本金の額は第三号事業者については5千万円、第四号事業者については1千万円）とされた（不特法3条、5条、7条、平成25年度改正後不特令4条。現行不特令では5条）。

　このほか、特例事業者は、現物不動産の取引を行うことから、宅地建物取引業法の適用を一部受けることとなる。具体的には、宅地建物取引業の免許は不要であるが、営業保証金1千万円の供託、瑕疵担保責任の特約の制限などは適用されるので留意する必要がある（宅建業法25条1項、40条、77条の3）。

　次に、許可に求められる資本金の額は、第一号事業者で1億円、第三号事業者では上記のとおり5千万円で、小規模な事業を行おうとする事業者にとって参入が容易でなかった。そこで、空き家・空き店舗等の再生事業に地域の不動産事業者等が幅広く参入できるようにするため、平

成29年度改正において、事業参加者の出資の価額を100万円（特定投資家は１億円）以下、出資の合計額を原則として１億円以下に抑えた「小規模不動産特定共同事業」制度が創設され、小規模不動産特定共同事業者については許可ではなく登録することにより小規模不動産特定共同事業を営むことができることとされた。登録に求められる資本金の額は１千万円で、登録の有効期間は５年間である（不特法２条６、７項、41条、44条,不特令11条）。同年度改正においてはこのほか、クラウドファンディング等に対応するため、契約成立前の投資家への書面交付等についてインターネット上での提供を可能にする規定の整備（不特法24条３項他）などの改正が行われている。

4. 会計上の留意点

　特に、資産流動化型証券化に際しては、会計上、①譲渡が認められるか否か、②連結対象とならないか否か、③リースバックの場合に金融取引とされないか否か、等の点に留意する必要がある。

(1) 譲渡が認められるか否か

　資産のもともとの保有者（オリジネーター＝原保有者）が、財務体質改善のためにその有する資産を譲渡して資金化しようとする際、第三者に譲渡するのでなく自らが関与して組成したSPCに譲渡する場合、原保有者は、譲渡した資産に何らかの形で関与を続けようとする可能性がある。この関与度合いが強いと、会計上、売買処理が認められず、オフバランスができないこととなる。これに関し、平成12年７月の会計制度委員会報告第15号「特別目的会社を活用した不動産の流動化に係る譲渡人の会計処理に関する実務指針」および平成13年５月の「特別目的会社を活用した不動産の流動化に係る譲渡人の会計処理に関する実務指針についてのＱ＆Ａ」に、特定

目的会社および事業内容の変更が制限されているこれと同様の事業を営む事業体を対象とした判断基準が定められており、リスクと経済価値のほとんどすべてが他の者に移転した場合に不動産の売却を認識するリスク・経済価値アプローチによって判断することが妥当とし、スキーム全体の構成内容等を踏まえて実質的な判断を行うこととしている（実務指針３項、６項）。

　そして、不動産の譲渡後において譲渡人が当該不動産に継続的に関与している場合にはリスクと経済価値が移転していない可能性があるとし、その判断のための参考資料としてフローチャートが用意されているので次に引用する。なお、この取扱いは、投資法人には適用されない（実務指針26項）。

特別目的会社を活用した
不動産の流動化に係る譲渡人の会計処理のフローチャート

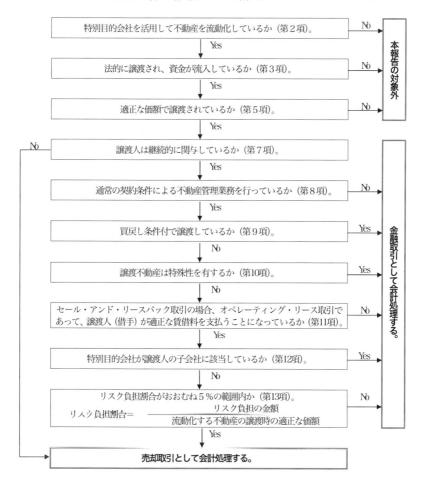

(出典：日本公認会計士協会会計制度委員会報告書15号「特別目的会社を活用した不動産の流動化に係る譲渡人の会計処理に関する実務指針」(参考資料)

220　第5章　合同会社の活用事例

(2)　連結対象とならないか否か

　（1）の要件を満たして売却処理が認められたとしても、譲渡の相手方であるSPCが連結会計の対象となってしまうと、連結ベースでオフバランスができないこととなる。これに関し、財務諸表等規則第8条第7項において、特別目的会社（特定目的会社および事業内容の変更が制限されているこれと同様の事業を営む事業体をいう）については、次の要件を満たす場合には、SPCにつき、不動産を譲渡した会社等から独立しているものと認め、譲渡会社等の子会社に該当しないものと推定することとされており、連結財務諸表に関する会計基準7－2にも同様の規定がある。

---

① 　資産を適正な価額で譲り受けたこと
② 　譲り受けた資産から生ずる収益を当該特別目的会社が発行する証券の所有者に享受させることを目的として設立されており、当該特別目的会社の事業がその目的に従って適切に遂行されていること

　ただし、この取扱いは、(1)と同様、投資法人に対しては適用されない（実務指針Q＆A　Q6。）

(3)　リースバックの場合に金融取引とされないか否か

　例えば、原保有者が自社ビルをSPCに譲渡し、それを借り受けるような取引をセール・アンド・リースバックという。このような場合に、その取引がファイナンス・リース取引に該当し、金融取引と判定されてしまうと、オフバランスができないこととなる。これに該当しないように（つまりオペレーティング・リース取引に該当するように）留意し、かつ、譲渡人（借手）が適正な賃借料を支払う必要がある（実務指針11項）。

　ファイナンス・リース取引の要件は次のとおりである（リース取引に関する会計基準5）。

> ① リース契約に基づくリース期間の中途において当該契約を解除することができないリース取引またはこれに準ずるリース取引であること
> ② 借手が、リース物件からもたらされる経済的利益を実質的に享受することができ、かつ、当該リース物件の使用に伴って生じるコストを実質的に負担することとなること

(注) 解約不能のリース取引に準ずるリース取引とは、例えば次のようなものが考えられる。

> イ 解約時に、未経過のリース期間に係るリース料の概ね全額を、規定損害金として支払うこととされているリース取引
> ロ 解約時に、未経過のリース期間に係るリース料から、借手の負担に帰属しない未経過のリース期間に係る利息等として、一定の算式により算出した額を差し引いたものの概ね全額を、規定損害金として支払うこととされているリース取引

また、「借手が、当該契約に基づき使用する物件（リース物件）からもたらされる経済的利益を実質的に享受する」とは、当該リース物件を自己所有するとするならば得られると期待されるほとんどすべての経済的利益を享受することをいい、「当該リース物件の使用に伴って生じるコストを実質的に負担する」とは、当該リース物件の取得価額相当額、維持管理等の費用、陳腐化によるリスク等のほとんどすべてのコストを負担することをいう。次のイまたはロのいずれかに該当する場合には、ファイナンス・リース取引と判定される。

イ　現在価値基準

　　解約不能のリース期間中のリース料総額の現在価値が、当該リース物件を借手が現金で購入するものと仮定した場合の合理的見積金額（見積現金購入価額）の概ね90パーセント以上であること

ロ　経済的耐用年数基準

　　解約不能のリース期間が、当該リース物件の経済的耐用年数の概ね75パーセント以上であること（ただし、リース物件の特性、経済的耐用年数の長さ、リース物件の中古市場の存在等を勘案すると、上記イの判定結果が90パーセントを大きく下回ることが明らかな場合を除く）

Ⅲ 資産管理会社(持株会社)としての活用

1. 資産管理会社（持株会社）の活用が想定される場合

次のような場合に、資産管理会社(財産保全会社、持株会社などともいう。以下、便宜的に持株会社という。)を設立し、経営者の所有する株式を移管することが行われる。

> (1) 上場準備会社の資本政策の一環としての安定株主対策
> (2) 事業承継を念頭に置いた株式の分散の防止、将来の株価上昇の抑制
> (3) 後継者による事業承継（株式の買取り）の受け皿会社としての活用

＜持株会社のイメージ＞

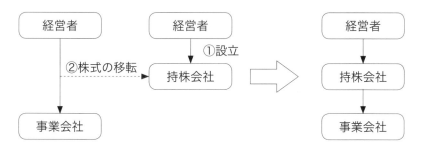

(1) 上場準備会社の資本政策の一環としての安定株主対策

上場準備会社において、創業者一族が経営支配権を確保する手段としては、従業員、取引先、銀行など、積極的に売却してしまう可能性が低い関係者に株式を保有してもらうことが考えられるが、より安定的な株主として、従業員持株会や持株会社を作ってそこに移転するといった方法がある。

特に、持株会社は、持株会社の株式を創業者一族が保有することを通じて上場する会社を支配することができ、安定株主対策として極めて有効である。

(2) 事業承継を念頭に置いた株式の分散の防止、将来の株価上昇の抑制

株式の分散の防止、将来の株価上昇の抑制といった事項は、(1)のような上場準備会社に限らず、中小企業を含め広く一般の会社にとって重要な課題である。

例えば、オーナーの経営する企業が複数ある場合、事業会社を統括する持株会社を作り、後継者に対してはその持株会社の株式を贈与・遺贈等により移転することによって、各事業会社の株式の分散を防止することができる。

＜事業会社株式の持株会社株式化による分散防止＞

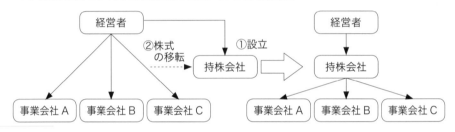

また、持株会社方式を採る場合には、株式の移転以後の将来の株価上昇を抑制でき、相続税および贈与税の税負担を抑制できる。税務上の留意点については4.で説明する。

(3) 後継者による事業承継（株式の買取り）の受け皿会社としての活用

事業承継について、オーナー一族の子などの親族間で行う親族内承継と、親族でない者との間で行う親族外承継とに分類することがある。親族内（特に子など近しい親族）承継の場合には贈与、親族外承継の場合には売買により、オーナー経営者が後継者に事業会社の株式を直接移転するのが最も一般的な方法であるが、後継者が受け皿会社として持株会社を設立し、オーナーが保有する事業会社の株式を持株会社に移転する方法を採る場合も多い。

＜後継者が持株会社を設立する場合＞

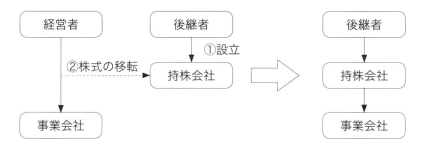

2. 持株会社の設立の方法

　持株会社を設立する方法としては、①金銭を出資して設立し、そこに事業会社株式を譲渡するのが基本形であるが、②金銭の代わりに資産（持株会社の場合には事業会社株式）を出資して設立する現物出資、③事業会社が新たに親会社として持株会社を設立する株式移転、④事業会社が子会社を設立しつつ同時に主要な事業を移転する（新設）分割などが考えられる。これらのうち、①については持株会社側で事業会社株式の購入資金を調達する必要があるが、②から④については株式の購入資金は不要である。

　①から④に係る経営者等に対する課税関係は次のようになる。

①②…経営者に対し、事業会社株式の譲渡益につき20.315％（所得税15％＋所得税に対して2.1％の復興特別所得税＋住民税5％）の税率により譲渡所得税等が課される。

③…経営者に対しては、株式移転の対価として株式移転完全親法人となる持株会社の株式のみが交付される（つまり金銭等が交付されない）場合には、譲渡益課税は行われない（所法57条の4第2項）。株式移転完全子法人においては、株式移転直前に有する時価評価資産につき時価評価が必要となるが、株式移転完全親法人が株式移転によって取得した株式移転完全子法人の株式を他の者に譲渡せず完全支配関係が継続する見込みである等の一定の要件を

226 第5章 合同会社の活用事例

満たして適格株式移転に該当すれば、時価評価を要しない（法法62条の９）。
④…経営者に対しては、保有している株式を譲渡等するわけではないため課税
関係は生じない。分割により持株会社となる旧事業会社においては、資産の
譲渡益に対し法人税が課されるが、分割の対価として新設する事業会社の株
式のみが交付される（つまり金銭等が交付されない）等の一定の要件を満た
して適格分割に該当すれば、課税が繰り延べられる（法法62条の３）。

　ところで、②③については経営者が有する事業会社株式が持株会社株式
に交換されるものであり、④については経営者が有する事業会社株式の中
身が実質的な持株会社株式となるものであるため、この時点における持株
会社の所有者は依然として経営者である。
　したがって、事業承継を中心に考える場合には、後継者が①により持株
会社を設立して経営者が有する事業会社株式をその持株会社に譲渡するか、
経営者が②から④によって取得した持株会社株式を後継者に贈与等により
移転していくか、ということになる。購入資金調達の検討を要するが即効
性があるのが前者であり、経営者が若く事業承継に時間をかけられるとい
うような状況で中長期的に行っていく場合には後者（なかでも、経営者に
対する譲渡益課税のない③または④）を検討することとなろう。

3.　後継者による持株会社の設立

　後継者が持株会社を設立する場合、株式購入のための多額の資金を用意
するのは困難であることが通常であり、事業会社の信用力に基づき、その
事業会社から受ける配当を原資として金融機関等から、あるいは株式を売
却したオーナー経営者から、購入資金を借り入れて調達するのが一般的で
ある。
　以下、典型的な例として、親族内承継とMBOについて解説する。

(1) 親族内承継の例

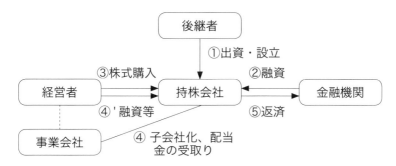

　事業承継では、まずは経営者の子など親族の中から後継者を探すこととなる。

　この場合、①後継者が持株会社を設立、②持株会社が金融機関から事業会社株式の購入資金の融資を受け、③②の資金で経営者から株式を買い取り、④事業会社から受け取る配当金を原資に、⑤融資の返済を行う。あるいは、④'オーナー経営者から融資等を受けて金融機関への一部返済に充てることも考えられる。

　簡単な例を示すと、次のようになる。

① 後継者が持株会社を設立

オーナー経営者		持株会社	
事業会社株式 1,000		現金 100	資本金 100（後継者）

② 持株会社が金融機関より借入れ

オーナー経営者		持株会社	
事業会社株式 1,000		現金 1,000	借入金 900（金融機関） 資本金 100（後継者）

③　持株会社がオーナー経営者から事業会社株式を購入

オーナー経営者		持株会社		
現金　　　　　808		事業会社株式　1,000	借入金　900（金融機関）	
所得税192 控除後[注]			資本金　100（後継者）	

（注）所得税：（1,000－取得費5％特例50）×20.315％＝192

④　持株会社は事業会社からの配当金を原資に金融機関へ融資を返済

④'　持株会社がオーナーからの借入れにより金融機関へ一部返済

オーナー経営者		持株会社		
貸付金（持株会社）808		事業会社株式　1,000	借入金　92（金融機関）	
			借入金　808（オーナー経営者）	
			資本金　100（後継者）	

　なお、オーナー経営者からの資金調達の手法として、利子に対して総合課税される貸付金ではなく、20.315％の税率による源泉分離課税が適用される社債（いわゆる少人数私募債）を活用している例があったが、平成25年度および26年度の改正により、同族会社が発行する社債の利子で平成28年1月1日以後にその役員等が支払いを受けるものは総合課税の対象とされている（措法3条1項4号）。

(2) MBOの例

　親族に適当な後継者がいない場合、事業会社の事情に詳しい役員や従業員などに承継することが考えられる。MBO（Management Buy-Out）は、オーナー経営者が保有する株式を、オーナー以外の経営陣が買い取って事業会社を承継することをいい、①後継者が、資金不足など事情によってはファンドとともに、持株会社（受け皿会社）を設立、②持株会社が金融機関から事業会社株式の購入資金の融資を受け、③②の資金で経営者から株式を買い取り、④事業会社から受け取る配当金を原資に、⑤融資の返済を行う。

Ⅲ 資産管理会社（持株会社）としての活用

さらに、MBOにおける金融機関の融資は事業会社の信用力を前提としており配当だけでは返済原資として不十分と判断される場合には、④'持株会社と事業会社が合併して、⑤'合併後の事業会社が借入金を返済していくことも考えられる。当然ながら、この場合の受け皿会社は持株会社として存続せず、短期間で消滅する。

ただし、事業会社が他に承継できない免許を保有しているなど、必ずしも吸収合併が得策でないときは、(1)と同様に持株会社と事業会社として存続させる場合もある。

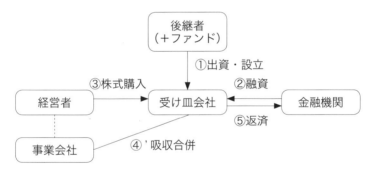

簡単な例を示すと、次のようになる。

① 後継者が（場合によってはファンドとともに）持株会社を設立

オーナー経営者		持株会社	
事業会社株式　1,000		現金　　　　　300	資本金　300（後継者等）

② 持株会社が金融機関より借入れ

オーナー経営者		持株会社	
事業会社株式　1,000		現金　　　　1,000	借入金　700（金融機関） 資本金　300（後継者等）

③　持株会社がオーナー経営者から事業会社株式を購入

オーナー経営者		持株会社	
現金　　　　　　808 所得税 192 控除後		事業会社株式　　1,000	借入金　700（金融機関） 資本金　300（後継者等）

④'　持株会社が事業会社を吸収合併、合併会社が事業の収益から借入金を返済

オーナー経営者		合併会社	
貸付金（持株会社）808		事業会社からの受入資産 のれん・抱合せ 株式消滅差損益	事業会社からの受入負債 事業会社株式　　1,000 借入金　700（金融機関） 資本金　300（後継者等）

（参考）上場企業におけるMBO

　上場会社において、中長期的な視点からの事業改革の実行、上場コストの削減、事業承継等を目的として、経営陣がMBOを行って株式の非公開化を行う例が見受けられる。この場合には、多数の一般株主をオーナー経営者に置き換えて（2）と同様の手法をとるが、上場株式を市場で買い集めるのは種々の規制を受けたり株価の高騰を招きやすい等の理由から、受け皿会社が事業会社株式につき公開買付（Take Over Bid＝TOB）を行うことがある。このTOBによって２／３以上の議決権を得た後、少数株主に対しては株式を交付せず金銭交付により精算して100％子会社とした後、受け皿会社と事業会社を合併させることによって融資の返済等を行う手法である。この手法においては少数株主の保護がポイントとなり、実際、反対株主との間で価格決定をめぐって争われる事例も多い。

　この点、平成19年４月の経済産業省「企業価値の向上及び公正な手続確保のための経営者による企業買収（MBO）に関する指針」や過去の裁判例などが参考となる。また、平成25年７月には、東京証券取引所がMBO等の際に開示すべき内容について見直しおよび明確化を行った「MBO等に関す

る適時開示内容の充実等について（東証上会第752号）」を発出した。さらに、令和元年6月、経済産業省は上記MBOに関する指針を全面改訂、「公正なM＆Aの在り方に関する指針－企業価値の向上と株主利益の確保に向けて－」を策定し、公表している。

4. 持株会社に係る税務上の取扱い

（1）財産評価基本通達による評価

　事業承継を考える場合、将来の相続税の負担が重要な検討項目となる。

　相続税の課税価格の計算の基礎となる財産の評価は原則として財産評価基本通達に基づいて行われる。株式出資については同通達において「上場株式」、「取引相場のない株式」等に区分され、「上場株式」については金融商品取引所の価格を用いることとされる。一方、「取引相場のない株式」については、オーナー企業のオーナー経営者およびその親族を前提とする場合には、評価会社を「卸売業」、「小売・サービス業」、「これら以外」の3業種に分類し、それぞれの業種ごとに定められた従業員数、総資産価額および取引金額の3つの判定要素に当てはめて「大会社」「中会社」「小会社」のいずれかに区分したうえで、原則として①「類似業種比準方式」と②「純資産価額方式」の2つの評価方式のいずれかまたは両方の組合わせにより評価する。

　① 類似業種比準価額（財基通180、183）

　　類似業種比準方式における類似業種比準価額は、評価会社と類似する業種の上場会社の株価を基に、「配当金額」「年利益金額」「純資産価額」を比準して評価するもので、基本的な計算式は次のとおりである。

232　第5章　合同会社の活用事例

$$
A \times \frac{\dfrac{\text{\textcircled{B}}}{B} + \dfrac{\text{\textcircled{C}}}{C} \times \dfrac{\text{\textcircled{D}}}{D}}{3} \times \begin{cases} 0.7\,(大会社) \\ 0.6\,(中会社) \\ 0.5\,(小会社) \end{cases}
$$

A　類似業種の株価

Ⓑ　評価会社の一株当たりの配当金額[注1]

Ⓒ　　〃　　　一株当たりの利益金額[注2]

Ⓓ　　〃　　　一株当たりの純資産価額（帳簿価額によって計算した金額）[注3]

B　類似業種の一株当たりの配当金額

C　　〃　　　一株当たりの年利益金額

D　　〃　　　一株当たりの純資産価額（帳簿価額によって計算した金額）

（注1）直前期末以前2年間の平均配当金額（非経常的な配当を除く）による。

（注2）直前期末以前1年間の法人税の課税所得金額（非経常的な利益を除く）
　　　に受取配当等の益金不算入額（所得税額を除く）および繰越欠損金の損
　　　金算入額を加算した金額による。ただし、納税者の選択により、直前期
　　　以前2年間の平均値によることもできる。

（注3）直前期末の資本金等の額および利益積立金額の合計額による。

（注4）ⒷⒸⒹの金額は一株当たりの資本金等の額を50円とした場合の金額と
　　　して計算する。

②　純資産価額（財基通185、186）

　純資産価額方式における一株当たりの純資産価額（相続税評価額によっ
て計算した金額）は、評価会社の有する各資産をこの通達に定めるとこ
ろにより評価した価額の合計額から各負債の金額の合計額および評価差
額に対する法人税額等相当額を控除した金額を課税時期における発行済
株式数で除して計算するもので、基本的な計算式は次のとおりである。

$$\frac{\left[\begin{array}{l}\text{相続税評価額に}\\\text{よる純資産価額}\end{array}\right]-\left[\begin{array}{l}\text{相続税評価額に}\\\text{よる純資産価額}\end{array}-\begin{array}{l}\text{帳簿価額による}\\\text{純資産価額}\end{array}\right]\times37\%}{\text{発行済株式総数－自己株式数}}$$

（注1）負債には、引当金、準備金は含まれない。一方、課税時期の属する事業年度に係る法人税・住民税・事業税・消費税のうち期首から課税時期までの期間に対応するものおよび課税時期以前に賦課決定があった固定資産税のうち未払いのものならびに死亡退職金等は含まれる。

（注2）評価差額に対する法人税額等相当額は、法人税等の税率に合わせて変動するが、平成28年4月1日以降は37％が適用されている。

③ 会社の規模と評価方式の適用関係（財基通179）

　評価会社の規模区分に応じた評価方法は次のとおりである。なお、「中会社」については、さらに総資産価額および従業員数または取引金額に応じて3区分され、適用関係が異なる。

規模区分		評価方式	
		基本的な評価方式	選択可能な評価方式
大 会 社		類似業種比準価額	純資産価額
中 会 社	大	類似業種比準価額 × 0.9 ＋純資産価額 × 0.1	
	中	類似業種比準価額 ×0.75 ＋純資産価額 ×0.25	
	小	類似業種比準価額 × 0.6 ＋純資産価額 × 0.4	
小 会 社		純資産価額	類似 ×0.5 ＋純資産 ×0.5

　評価会社の規模が大きいほど、類似業種比準価額の適用割合が大きく定められている。また、類似業種比準価額と純資産価額では、多くの場合、類似業種比準価額の方が低く算定される傾向にある。ただし、純資産価額の方が低く算定される場合もあり得るため、中会社以上においては純資産価額方式も選択できるよう定められている。

④ 特定の評価会社の株式

　清算中の会社や土地の保有割合が大きい土地保有特定会社など一定の

会社の株式については、「特定の評価会社の株式」とされ、③の算式の類似業種比準価額が使えず純資産価額方式により評価するか、使えても適用割合が低く抑えられることになる。主要な「特定の評価会社の株式」としては上記のほか次のようなものが挙げられるが、特に持株会社は、通常、ハの株式等保有特定会社に該当する。

イ　開業後３年未満の会社等の株式（財基通189、189−４）

　開業後３年未満の会社または①の類似業種比準価額における一株当たりの配当金額、利益金額、純資産価額がいずれも０となる会社の株式を「開業後３年未満の会社等の株式」といい、純資産価額により評価する。

ロ　比準要素数１の会社の株式（財基通189、189−２）

　①の類似業種比準価額における一株当たりの配当金額、利益金額、純資産価額のうち２つが０となり、かつ、直前々期末を基準にして計算した場合にも２つ以上が０となる場合には、「比準要素数１の会社の株式」とされ、純資産価額または類似業種比準価額×0.25＋純資産価額×0.75により評価する。

ハ　株式等保有特定会社の株式（財基通189、189−３）

　相続税評価による資産の合計額のうちに占める株式等の価額の割合が50％以上となる場合には、「株式等保有特定会社の株式」とされ、類似業種比準価額は使えず、基本的に純資産価額により評価する。

(2) オーナー経営者から持株会社への株式の譲渡

① 　個人から法人への譲渡における時価

　税務上、資産の譲渡は時価で行うのが原則であるが、非上場株式のよ

うに市場価格が存在しないものについては時価の算定が困難であり、個人から法人への譲渡については、実務上、所得税基本通達59－6の取扱いが価格決定の重要な基準とされている。同通達によれば、非上場株式については、売買実例があるもの等を除き、次の条件付きで（1）の財産評価基本通達を準用して計算することとされている。

イ （1）③の計算は常に「小会社」として計算すること。つまり、大会社であっても類似業種比準価額は50％しか反映できないこととなる。

ロ （1）②の計算上、評価差額に対する法人税額等相当額の控除を行わないこと。その分、評価額が高く算定される結果となる。

ハ （1）②の純資産価額の計算上、評価会社が有している土地または上場有価証券については譲渡時の時価を用いて評価すること。通常、相続税評価額より時価が高くなるため、その分、評価額が高く算定される結果となる。

　なお、MBOのように第三者との間の取引であればこの通達による必要はなく、種々の経済性を考慮して交渉を経て決定される価格が時価と認められる。

②　親族内承継における株式の譲渡時の留意点

　2．で説明したように、経営者個人から持株会社に事業会社株式を譲渡する際には、その譲渡益につき20.315％（所得税15％＋所得税に対して2.1％の復興特別所得税＋住民税5％）の税率により譲渡所得税等が課される。したがって、オーナー経営者が、子などの親族が設立した持株会社に事業会社株式を譲渡する場合には、納税や購入資金調達コストの抑制の観点から、できるだけ株価を下げてから譲渡するのが得策である。この場合の方策としては、オーナー経営者に対する退職金の支払い、租税特別措置法上の特別償却資産の導入、オペレーティングリースの活用などによる類似業種比準価額の「利益金額」「純資産価額」の引下げおよ

び純資産価額の圧縮や、支払配当の減額による類似業種比準価額の「配当金額」の圧縮などが考えられる。

(3) 持株会社方式による税務上のメリット

① 将来の株価上昇の抑制

相続税・贈与税の課税価格の算定にあたり、持株会社の株式は「取引相場のない株式」に該当し、上記（1）②のとおり、純資産価額方式による場合、評価差額に対して法人税額等相当額37％を控除することができる。つまり、事業会社株式を受け入れた後の相続税評価の値上がり分に対する評価額の上昇を抑えることができる。

② 法人が配当を受け取ることによるグループ外への資金流出の抑制

持株会社が事業会社から受け取る配当金については、法人税法上、受取配当等の益金不算入（法法23条）の適用を受けることができるため、経営者個人が直接配当金を受け取る場合に比べ税負担が軽くなり、グループ内に資金を留保しやすい。

受取配当等の益金不算入額の計算方法は、持株割合および保有期間に応じて下記の4つに区分されている。

配当等の区分	益金不算入額
完全子法人株式等に係る配当等の額	配当等の額（全額）
関連法人株式等に係る配当等の額	配当等の額－控除負債利子の額
その他株式等に係る配当等の額	配当等の額 ×50％
非支配目的株式等に係る配当等の額	配当等の額 ×20％

ここで、完全子法人株式等とは、発行法人の株式等のすべてを、配当等の計算期間を通じて保有している場合のその株式等をいい、関連法人株式等とは、発行法人の株式等の1／3超を、配当等の計算期間を通じて（計算期間が6ヵ月超の場合には配当等の基準日から遡って6ヵ月前

から）保有している場合のその株式等をいう。また、非支配目的株式等とは、発行法人の株式等の5％以下を、配当等の基準日に保有している場合のその株式等をいう。オーナー経営者であれば、一般的には完全子法人株式等か関連法人株式等に該当するであろう。

次に、控除負債利子とは、その事業年度の支払利子に、原則として総資産のうちに関連法人株式等の簿価の占める割合を乗じて計算した金額である。したがって、関連法人株式等に係る配当等については、支払利子の額が多いほどその事業年度の益金不算入額は少なくなる。

ところで、持株会社を新たに設立し、事業会社の発行済株式のすべてを買い取った場合には、事業会社株式は持株会社において完全子法人株式等となり、受取配当金は全額益金不算入となる。ただし、少数株主からの買取りなどにより新たに完全支配関係が生じたような場合には、買取り後最初に受ける配当については、計算期間の中途で取得しているため完全子法人株式等に該当しない。また、買増しにより支配関係が生じてから6ヵ月を経過していない場合には、関連法人株式等にも該当しないこととなり、益金不算入額が圧縮されて恩恵を十分受けられない場合があるため、留意する必要がある。

また、受取配当金に対して20.42％の税率で課される源泉税については、法人税の計算上、所得税額控除の適用を受けられるが、これも、計算期間の中途で取得した場合には期間按分があるため、購入直後の配当については全額控除できないこととなる。

③　上場会社における持株会社方式の税務上のメリット

税務上、上場株式については、次のような点において、直接保有するよりも持株会社を通じて保有する方が有利になることが多い。

イ　相続税法上の財産評価額の抑制

　（1）で説明したとおり、財産評価において、上場株式は原則として市場価格で評価するのに対し、持株会社は非上場会社であり「取引相場のない株式等」とされ、純資産価額の計算上、持株会社に上場株式を移転した時点以降の値上がり分に対する法人税額等相当額37％を控除することができるため、上場株式のままで保有する場合の市場価格より低く評価されることとなる。

ロ　受取配当に係る所得税の節税

　個人株主が受け取る配当金は、原則として、最高税率55.945％（所得税45％＋所得税に対して2.1％の復興特別所得税＋住民税10％）の税率による総合課税の対象となるが、上場株式等については20.315％（所得税15％＋所得税に対して2.1％の復興特別所得税＋住民税5％）の税率による申告分離課税を選択することができる。

　ただし、発行済株式総数の3％以上を有している大口株主はこの制度を選択できず総合課税とされるため、該当するオーナー株主は、超過分を持株会社に移転するといった対策が考えられる。過去においても、平成23年9月30日以前の大口株主の判定基準は5％以上とされており、これを3％未満に下げるため持株会社を利用する、といった例が見受けられた。

5.　持株会社を合同会社により設立するメリット

　持株会社は、対外的に信用度が低い印象を与えかねない、といった合同会社のデメリットはあまり問題とならず（ただし、受け皿会社が事業会社を吸収合併して事業会社として存続する場合を除く）、合同会社の持つさまざまなメリットを活かすことができる。

（1）設立手続の簡素化、費用の抑制

　持株会社は、それ自体で積極的に事業活動を行うことを予定していないため多額の資本金は不要であり、合同会社を選択することによって、設立時に要する登録免許税（原則として資本金の額の7／1,000）が下限の6万円（株式会社は15万円）で済み、定款認証が不要であり認証費用（5万円）もかからないなど、設立に際してのコストを抑えられる。

　また、出資の履行に当たり金銭の払込みを払込取扱機関に対して行う必要がないこと、現物出資の場合に検査役調査が不要であることなど、手続き面でも株式会社に比べて簡素化されている。

（2）機関設計の簡素化・決算公告義務の不存在

　持株会社は、MBOでファンドが出資する場合などを除き、一般的にはオーナー一族など1グループが長期的に保有することが想定され、そうした会社は意思決定のための株主総会や取締役といった機関を必ずしも要しない。株式会社で要求される役員重任の場合の登記や決算公告が不要な点においても、合同会社は使い勝手がよい。

（3）資本金規制、監査役・会計監査人設置義務の不存在

　合同会社には、株式会社と異なり、資本金の額が5億円以上または負債の額が200億円以上の大会社となった場合の会計監査人等の設置義務がないため、その分のコストが不要である。また、増資の局面においては、株式会社では1／2以上を資本金の額に繰り入れる必要があるところ、合同会社では繰入れが不要であるため、登録免許税が節税でき、かつ、資本金1億円超の法人に課される法人事業税の外形標準課税の回避も可能である。株価の高い優良事業会社の持株会社を作る場合や、将来的に持株会社で新規事業を行う、他の会社を買収するなど、多額の資金調達を行うことを想

定した場合に自由度が高い。

Ⅳ 再生可能エネルギー事業への活用

1. 再生エネルギーの固定価格買取制度

（1）導入状況

　平成24年7月に施行された「電気事業者による再生エネルギー電気の調達に関する特別措置法（以下「再エネ特措法」という）」に基づく再生可能エネルギーの固定価格買取制度の導入以来、各地で太陽光を中心として、風力、水力、地熱、バイオマスなどをエネルギー源とする再生可能エネルギー発電設備の導入が進んでいる。

エネルギー源別一次エネルギー国内供給

（単位：10^15J [PJ]、%）

年度			1990	2010	2011	2012	2013	2014	2015	2016	2017	2017/2013
一次エネルギー総供給			20,218	23,270	22,075	21,864	22,153	21,394	21,297	21,116	21,326	-3.7%
（前年度比%）				(+6.3)	(▲5.1)	(▲1.0)	(+1.3)	(▲3.4)	(▲0.5)	(▲0.9)	(+1.0)	
一次エネルギー国内供給			19,667	21,995	21,011	20,741	21,053	20,266	20,019	19,864	20,095	-4.6%
（前年度比%）				(+5.5)	(▲4.5)	(▲1.3)	(+1.5)	(▲3.7)	(▲1.2)	(▲0.8)	(+1.2)	
化石燃料			16,382	17,851	18,451	18,973	19,204	18,409	17,949	17,649	17,571	-8.5%
（前年度比%）				(+5.1)	(+3.4)	(+2.8)	(+1.2)	(▲4.1)	(▲2.2)	(▲1.7)	(▲0.4)	
[シェア%]			[83.3]	[81.2]	[87.8]	[91.5]	[91.2]	[90.8]	[89.7]	[88.8]	[87.4]	
	石油		11,008	8,858	9,097	9,220	9,003	8,351	8,138	7,878	7,831	-13.0%
	（前年度比%）			(+0.5)	(+2.7)	(+1.3)	(▲2.4)	(▲7.2)	(▲2.6)	(▲3.2)	(▲0.6)	
	[シェア%]		[56.0]	[40.3]	[43.3]	[44.5]	[42.8]	[41.2]	[40.6]	[39.7]	[39.0]	
	石炭		3,318	4,997	4,672	4,883	5,303	5,097	5,097	5,041	5,044	-4.9%
	（前年度比%）			(+13.5)	(▲6.5)	(+4.5)	(+8.6)	(▲3.9)	(+1.1)	(▲2.2)	(+0.1)	
	[シェア%]		[16.9]	[22.7]	[22.2]	[23.5]	[25.2]	[25.2]	[25.7]	[25.4]	[25.1]	
	天然ガス・都市ガス		2,056	3,995	4,681	4,871	4,898	4,961	4,657	4,729	4,696	-4.1%
	（前年度比%）			(+5.8)	(+17.2)	(+4.0)	(+0.6)	(+1.3)	(▲6.1)	(+1.5)	(▲0.7)	
	[シェア%]		[10.5]	[18.2]	[22.3]	[23.5]	[23.3]	[24.5]	[23.3]	[23.8]	[23.4]	
非化石燃料			3,285	4,145	2,561	1,768	1,849	1,857	2,070	2,215	2,523	36.4%
（前年度比%）				(+7.2)	(▲38.2)	(▲31.0)	(+4.6)	(+0.4)	(+11.5)	(+7.0)	(+13.9)	
[シェア%]			[16.7]	[18.8]	[12.2]	[8.5]	[8.8]	[9.2]	[10.3]	[11.2]	[12.6]	
	原子力		1,884	2,462	873	137	80	0	79	154	279	250.7%
	（前年度比%）			(+2.8)	(▲64.5)	(▲84.3)	(▲41.8)	(▲100.0)		(+95.4)	(+81.7)	
	[シェア%]		[9.6]	[11.2]	[4.2]	[0.7]	[0.4]	[0.0]	[0.4]	[0.8]	[1.4]	
	水力		819	716	729	657	679	702	726	676	710	4.6%
	（前年度比%）			(+6.4)	(+1.8)	(▲9.9)	(+3.4)	(+3.3)	(+3.5)	(▲6.9)	(+5.1)	
	[シェア%]		[4.2]	[3.3]	[3.5]	[3.2]	[3.2]	[3.5]	[3.6]	[3.4]	[3.5]	
	再生可能エネルギー（水力を除く）		265	437	445	456	537	616	728	813	938	74.6%
	（前年度比%）			(+11.6)	(+1.8)	(+2.5)	(+17.9)	(+14.7)	(+18.3)	(+11.6)	(+15.4)	
	[シェア%]		[1.3]	[2.0]	[2.1]	[2.2]	[2.6]	[3.0]	[3.6]	[4.1]	[4.7]	
未活用エネルギー			318	530	514	519	553	540	537	573	596	7.7%
（前年度比%）				(+30.9)	(▲3.0)	(+0.9)	(+6.7)	(▲2.4)	(▲0.5)	(+6.6)	(+4.0)	
[シェア%]			[1.6]	[2.4]	[2.4]	[2.5]	[2.6]	[2.7]	[2.7]	[2.9]	[3.0]	

（注1）「2017/2013」は2017年度の2013年度比増減率
（注2）再生可能エネルギーには、太陽光発電、太陽熱利用、風力発電、バイオマスエネルギー、天然温度差エネルギー、他自然エネルギー、地熱エネルギーが含まれる。
（注3）未活用エネルギーには、廃棄物発電、廃タイヤ直接利用の「廃棄物エネルギー回収」、廃棄物ガス、再生油の「廃棄物燃料製品」、「廃棄物その他」、廃熱利用熱供給、産業蒸気回収、産業電力回収の「廃棄エネルギー直接利用」が含まれる。

（出典：資源エネルギー庁「平成29年度(2017年度)におけるエネルギー需給実績(確報)」）

(2) 固定価格買取制度

再エネ特措法は、電気についてエネルギー源としての再生可能エネルギー源の利用を促進し、もって我が国の国際競争力の強化及び我が国産業の振興、地域の活性化その他国民経済の健全な発展に寄与することを目的として、電気事業者に対し、国が定める一定の期間（調達期間）、一定の価格（調達価格）で、再生可能エネルギー電気を買い取る義務を課すものである。再生可能エネルギー電気の調達を義務付けられる電気事業者は、以前は小売電気事業者等であったが、平成29年の新制度施行により送配電事業者に変更されている。

小売電気事業者等は、調達価格と、再生エネルギー電気の調達をしなかった場合にその調達に要することとなる費用との差額について、その小売電気事業者等から電気の供給を受ける電気の使用者に対して賦課金として請求することができる（再エネ特措法36条）。

小売電気事業者等は、この賦課金を、経済産業大臣が指定する費用負担調整機関に納付金として納付したうえで、電気事業者（送配電事業者）が費用負担調整機関から交付金として交付を受ける（再エネ特措法28条、31条）。

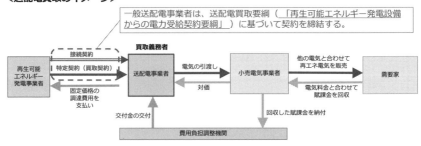

（出典：資源エネルギー庁「改正FIT法による制度改正について」）

2. 金調達
(1) 事業者自身が事業参入する場合
　発電事業に参入しようとする事業者が、自ら増資、あるいは通常の銀行借入などにより資金調達するのが最もシンプルな方法である。

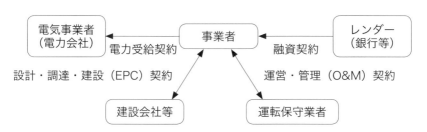

(2) SPCを設立する場合
　(1)のように事業者自身が参入する方法に対し、発電事業を他の事業から独立した事業とし、プロジェクトファイナンスの形で資金調達を行うために、自らは出資者（スポンサー）として、当該事業のみを行う特別目的会社（SPC）を設立する方法が考えられる。この場合のSPCは、出資者の有限責任性を確保するために、株式会社または合同会社の形態によることとなる。SPCが倒産した場合を考慮すると、会社更生法の適用を受けないことは、合同会社を選択する大きな理由となろう。

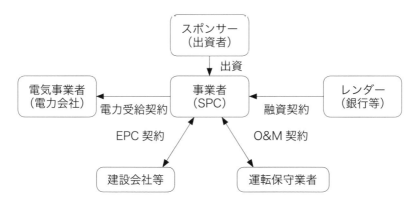

244 第5章 合同会社の活用事例

　事業者(SPC)は、出資金の他、銀行等からの融資を受け、事業用地の確保、発電用設備の設置等を行う。また、完成後には、設備の監視、運転、メンテナンス等を行うO&M契約により、保守管理費用が発生することとなる。SPCは発電事業から生ずるキャッシュフローを原資にこれらの資金を賄い、銀行に対する元利金の返済を行う。

　また、SPCを営業者とする匿名組合出資によりファンドを組成する方法も考えられ、地域におけるまちづくりの一環として市民ファンドによる出資を受け入れている例も見られる。

3. 税務上の取扱い

　売電事業に係る発電設備の法定耐用年数は17年（太陽光発電設備の場合）とされる（耐用年数省令別表第二）。また、青色申告法人については、頻繁に税制改正が行われるものの、特別償却または特別控除の適用を受けられる場合がある。

　次に、売電事業は電気供給業に該当し、事業税の課税標準は通常の法人の所得金額ではなく、収入金額となる（地法72条の12第1項2号）ことに注意が必要である。

4. その他の留意事項

　再生可能エネルギー発電の中では、太陽光が突出して伸びてきたが、天候によって発電量が左右され、経営面でも電力系統面でも不安定である。また、調達価格が高かった時期に認定だけ受けて稼働しないものが多かったり、豪雨による発電設備の火災や強風による損壊、設備設置のための伐採による土砂崩れなどにより被害を受けたり、環境面から近隣住民とのトラブルとなるなどの事例が見受けられる。これらの問題に対しては、制度面では数次の改正を通じて対応しつつあるが、事業者側から見た場合、調

達価額が年々引き下げられ、新たに入札制度も導入されたFIT制度を前提とした新規参入は容易ではなくなってきている。ただし、合同会社の特性を活かしたスキーム自体は、今後とも再生可能エネルギー発電全般に適用できるものと考えられる。

246　第5章　合同会社の活用事例

Ⓥ 農業経営の法人化における活用

1. 農業経営の法人化のメリット

　農業従事者の高齢化や後継者不足といった問題を抱える農業は、農業経営の法人化が重要な対策の一つとされている。農林水産省では、農業の法人経営のメリットとして次のような点を挙げている。

経営上のメリット

○　**経営管理能力の向上**

・　経営責任に対する自覚を促し、経営者としての意識改革を促進

・　家計と経営が分離され、経営管理が徹底（ドンブリ勘定からの脱却）

○　**対外信用力の向上**

・　財務諸表の作成の義務化により、金融機関や取引先からの信用が増す

○　**経営発展の可能性の拡大**

・　幅広い人材（従業員）の確保により、経営の多角化など事業展開の可能性が広がり、経営の発展が期待できる

○　**農業従事者の福利厚生面の充実**

・　社会保険、労働保険の適用による従事者の福利の増進

・　労働時間等の就業規則の整備、給与制の実施等による就業条件の明確化

○　**経営継承の円滑化**

・　農家の後継者でなくても、構成員、従業員の中から意欲ある有能な後継者を確保することが可能

地域農業としてのメリット

○　**新規就農の受け皿**

・　農業法人に就農することにより、初期負担なく経営能力、農業技術を習得

制度面でのメリット

○　**税　　制**

・　役員報酬を給与所得とすることによる節税

　　（役員報酬は法人税において損金算入が可能。また、所得税において役

員が受け取った報酬は給与所得控除の対象となる。）

・　欠損金の10年間繰越控除（青色申告をしている個人事業主は３年間）

○　**融資限度額の拡大**

・　農業経営基盤強化資金（スーパーL資金）の貸付限度額：個人３億円（複数部門経営は６億円）、法人10億円（民間金融機関との協調融資の状況に応じ30億円）

（出典：農林水産省HP「法人経営のメリット」）

2.　法人の農業参入の状況

（1）農業法人の定義

農業法人とは、農業を営む法人の総称である。

農業法人には、農業協同組合法第72条の８に規定する農事組合法人と会社法等による法人があり、これらのうち、農地法第２条第３項に掲げる次のような要件を満たすものを農地所有適格法人という。

---

①　農事組合法人、株式会社（公開会社でないものに限る）または持分会社であること

②　主たる事業が農業であること

③　株主等（構成員という）のうち農業関係者の議決権数が総議決権の１／２超（持分会社は社員数が１／２超）であること

④　常時従事者（年150日以上従事）である構成員が役員の過半を占めること

⑤　役員または重要な使用人のうち１人以上が農作業に原則年間60日以上従事すること

農地所有適格法人に該当する法人は農地の所有（売買）が可能となる。農地所有適格法人に該当しない法人が農業を行う場合には、賃借（農地を適切に利用しない場合には解除する条件付き）によるか、または、農地は利用せず、機械等を使って農家の農作業を請け負うといった形で参入することとなる。

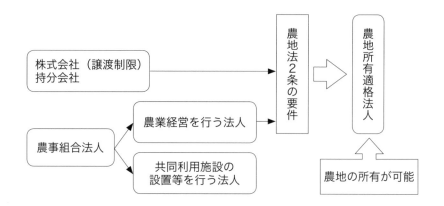

(2) 法人の農業への参入状況

　法人の農業への参入は、農地所有適格法人としての参入と、一般法人としての参入がある。それぞれの状況は次のとおりである。

Ⅴ 農業経営の法人化における活用　249

① 農地所有適格法人

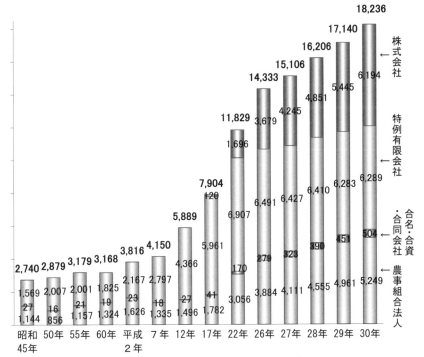

注：「特例有限会社」は、平成17年以前は有限会社の法人数である。
資料：農林水産省経営局調べ（各年1月1日現在）

出典：農林水産省HP「企業等の農業参入について（参考 農地所有適格法人の参入状況）」

　従前は有限会社による参入が多かったが、平成18年度の会社法施行後は株式会社または農事組合法人による参入が多くなっている。

② 一般法人

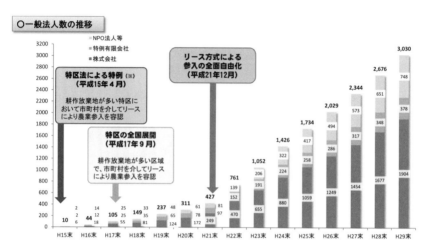

出典：農林水産省HP「企業等の農業参入について(参考 一般企業の農業への参入状況(平成29年12月末)」

　上記は、平成21年12月に施行された農地法等の一部を改正する法律に基づき、貸借で参入した一般法人数である。改正農地法では、一般法人であっても、貸借であれば全国で可能である。

(3) 農地所有適格法人への合同会社の活用

　農地所有適格法人としての法人の形態は、農事組合法人または会社法上の会社によることとなる。このうち、農事組合法人は法人税法上の協同組合等に該当するため、本則23.2％の基本税率が19％に軽減されている（これとは別に、いずれの場合も年800万円までの部分に対しては15％。法法66条、別表第三、措法42条の3の2）。ただし、農事組合法人は、農業の経営、農業に係る共同利用施設の設置等およびこれらに附帯する事業以外の事業を行えない、設立時に3人以上の農民が必要である等の制約があるのに対し、会社法上の会社についてはこのような制限はない（もっとも、

農地所有適格法人である以上、主たる事業は農業でなければならない）。

　次に、会社法上の会社の中で、株式会社と比較した場合には、出資比率に関わらず社員間の合意で意思決定が可能になるなど機関設計が自由であること、設立手続が簡便で費用が抑えられること、他の持分会社と比較した場合には、有限責任性を採っていることなどが、合同会社を選択する理由となる。また、農地集積のために株式会社では営利追求と見られることが多いためこれを回避する方法として合同会社を選択した、という事例[113]もある。

　なお、農業法人の特徴として、法人の役員が個人としても農業を行うことが考えられる。合同会社の場合、業務執行社員の競業については当該社員以外の全員の承認、利益相反取引については過半数の承認を得なければならないのが原則である（会社法594条、595条）ため、あらかじめ定款に別段の定めを設けるなどの検討を要する。

113　2008年6月 農業経営研究「合同会社(日本版LLC)設立の実態と特徴／関野幸二」

【著者略歴】

公認会計士・税理士

太田　達也（おおた　たつや）

　慶応大学経済学部卒業後、第一勧業銀行（現みずほ銀行）を経て、太田昭和監査法人（現EY新日本有限責任監査法人）入所。平成4年公認会計士登録。現在、EY新日本有限責任監査法人において、会計・税務・法律など幅広い分野の助言・指導を行っている。

　著書に、「収益認識会計基準と税務」完全解説、消費税の「軽減税率とインボイス制度」完全解説、同族会社のための「合併・分割」完全解説、決算・税務申告対策の手引、「固定資産の税務・会計」完全解説、「解散・清算の実務」完全解説、「純資産の部」完全解説（以上、税務研究会）など多数。

＜執筆協力＞

税理士

林　広隆（はやし　ひろたか）

　一般企業勤務の後、平成6年より公認会計士辻会計事務所（現辻・本郷税理士法人）に勤務、同年税理士試験合格。平成10年税理士登録、平成22年度租税訴訟補佐人制度大学院研修修了。平成15年より林会計事務所を開設するとともに、平成28年度より亜細亜大学非常勤講師も務めている。

本書の内容に関するご質問は、税務研究会ホームページのお問い合わせフォーム（ https://www.zeiken.co.jp/contact/request/ ）よりお願いいたします。なお、個別のご相談は受け付けておりません。

本書刊行後に追加・修正事項がある場合は、随時、当社のホームページ（ https://www.zeiken.co.jp/ ）にてお知らせいたします。

合同会社の法務・税務と活用事例

平成26年10月25日　　初　版第1刷発行	（著者承認検印省略）
令和元 年10月10日　　改訂版第1刷発行	
令和 5 年 6 月30日　　改訂版第4刷発行	

Ⓒ　著 者　　太 田　　達 也

発行所　　税 務 研 究 会 出 版 局

代表者　　山　　根　　　　毅

郵便番号 100-0005

東京都千代田区丸の内 1-8-2 鉄鋼ビルディング

https://www.zeiken.co.jp

乱丁・落丁の場合は，お取替え致します。　　　　印刷・製本　東日本印刷株式会社

ISBN 978-4-7931-2487-7